बच्चों के शिक्षाप्रद नाटक

डा. गिरिराजशरण अग्रवाल

प्रकाशक : डायमंड पॉकेट बुक्स (प्रा.) लि.
X-30 ओखला इंडस्ट्रियल एरिया, फेज-II
नई दिल्ली-110020
फोन : 011-40712200
ई-मेल : wecare@diamondbooks.in
वेबसाइट : www.diamondbooks.in
संस्करण : 2025
मुद्रक : रेप्रो (इंडिया)

Bachchon Ke Shikshaprad Natak
by : Dr. Giriraj Sharan Agarwal

अनुक्रम

लोहे की कील

❑

पात्र-परिचय

सेठ : *अतुल और प्रकुल के पिता*
अतुल और प्रकुल : *सगे भाई, सेठ के पुत्र*

[रात का समय है, मंच पर हलकी-हलकी रोशनी फैली है। सेठ कुंदन की पत्नी घर में बिछे एक पलंग पर आराम कर रही है। अतुल और प्रकुल एक ओर बैठे कैरम खेलने में व्यस्त हैं। सेठ कुंदनलाल ड्राइंगरूम में अकेले बैठे हैं। आज कोई उनके पास नहीं आया है । एकांत से ऊबकर सेठ कुंदनलाल अतुल और प्रकुल को आवाज़ देते हैं। दोनों की आयु क्रमशः 10 और 14 वर्ष है।]

सेठ : अरे अतुल, प्रकुल कहाँ हो ?
अतुल : हम यहाँ हैं पिताजी, कैरम खेल रहे हैं ?
सेठ : *(ऊँची आवाज़ में)* हर समय खेलते ही रहते हो ! यहाँ आओ।

[दोनों तेज़ी से सेठ जी के पास जाते हैं।]

प्रकुल : कहिए पिताजी, क्या आदेश है ?

सेठ : कुछ नहीं, बैठो यहाँ।

[दोनों बालक पास बैठ जाते हैं।]

अतुल : आज आपसे मिलने कोई नहीं आया, पिताजी !

सेठ : नहीं। कभी-कभी अकेला रहना भी अच्छा लगता है, आदमी को।

प्रकुल : हाँ तो कैसे याद किया था पिताजी आपने ?

सेठ : तुम लोग तो हर समय कैरम खेलते रहते हो या कॉमिक्स पढ़ते रहते हो। लगता है और कोई काम ही नहीं है तुम्हें ?

अतुल : नहीं, पिताजी, हम स्कूल भी तो जाते हैं। पढ़ते भी तो हैं ?

सेठ : ठीक है, तुम स्कूल भी जाते हो, पढ़ते भी हो, लेकिन अधिकतर समय तो तुम खेलने ही में बिताते हो, बेटे।

प्रकुल : सभी बच्चे खेलते हैं, पिताजी।

सेठ : सब नहीं प्रकुल, केवल वे जिनके पास सुख-सुविधाएँ हैं, साधन हैं और जो घर के प्रति निश्चिंत हैं।

अतुल : खेलते तो ग़रीब बच्चे भी हैं, पिताजी !

सेठ : लेकिन उनके खेल और काम के समय में संतुलन होता है, अतुल। कई बच्चे तो अपनी विकट स्थिति के कारण खेल भी नहीं पाते।

प्रकुल : आप नहीं खेलते थे क्या अपने बचपन में, पिताजी ?

सेठ : मुझे खेलने का समय ही कहाँ मिला है, बेटो ?

अतुल : मिला क्यों नहीं पिताजी ?

सेठ : अच्छा आज मैं तुम्हें अपने बचपन की कहानी सुनाता हूँ, सुनो।

[सेठ कुंदनलाल अपने अतीत में झाँककर कहानी शुरू करते हैं।]

सेठ : तुम लोग नहीं जानते और शायद तुम्हारी माता जी भी इन बातों से परिचित नहीं हैं कि मैं ग़रीब घर में पैदा हुआ था।

अतुल : फिर आप इतने मालदार कैसे हो गए, पिताजी ?

सेठ : वही कहानी तो तुम्हें सुनाने बैठा हूँ आज !

प्रकुल : सुनाइए पिताजी। तब तो बहुत रोचक कहानी होगी आपकी ?

सेठ : हाँ, पर तुम शायद ही विश्वास कर पाओ कि मैंने कितने अभावों में अपनी बाल्यावस्था के दिन काटे हैं।

अतुल : दादा जी, कुछ कमाते नहीं थे क्या ?

सेठ : नहीं अतुल, यह बात नहीं है। उनका देहांत तभी हो गया था जब मैं अपनी माँ की गोद में था। घर में आमदनी का कोई साधन नहीं था। माँ मेहनत-मजदूरी करके जो पैसे पाती थी उसी से हम दोनों को सूखी रोटी मिल जाती थी।

प्रकुल : तब आप स्कूल में पढ़ने भी नहीं जाते होंगे ?

सेठ : पढ़ने तो जाता था बेटे, नगरपालिका के एक विद्यालय में, पर किताबें खरीदना बहुत मुश्किल था।

अतुल : तब आपको भी कुछ न कुछ काम करना पड़ता होगा, पिताजी ?

सेठ : हाँ बेटे, फालतू समय मैं अपनी माँ का हाथ बँटाता था। वह जो काम लेकर आती थी उसमें उसकी मदद करता था।

प्रकुल : फिर आप इतने बड़े आदमी कैसे बन गए, पिताजी ! क्या व्यापार शुरू किया था आपने ?

सेठ : व्यापार शुरू करने के लिए पैसा ही कहाँ था, बेटे ?

अतुल : फिर आपकी स्थिति कैसे बदली ?

सेठ : यह तब की बात है बेटो, जब मैं कोई पंद्रह वर्ष का था। एक दिन अपनी निर्धनता पर दुःखी मन लिए घर से निकला। सोचा, किसी के यहाँ छोटी-मोटी नौकरी कर लूँगा, या जो भी काम मुझे मिलेगा, वही करूँगा, क्योंकि माँ की परेशानी अब मुझसे देखी नहीं जाती थी।

प्रकुल : फिर आप कहाँ-कहाँ गए काम की तलाश में, पिताजी ?

सेठ : जल्दी मत करो, सुनते जाओ। घर से निकलकर मैं सड़क पर आ गया। मैंने देखा कि दो व्यक्ति आपस में बतियाते जा रहे हैं।

अतुल : क्या बात कर रहे थे, वे ?

सेठ : वही बताता हूँ। तुम लोग ध्यान से सुनो ? उनकी बातचीत से मुझे पता लग गया था कि वे दोनों व्यापारी हैं और अपनी दुकानों के लिए सामान खरीदने जा रहे हैं।

मैं यह कील दो रुपये में दे सकता हूँ।

अतुल : क्या आपने उनसे नौकरी की बात की, पिताजी ?

सेठ : नहीं-नहीं, बेटे ! मेरे साथ कोई और ही घटना घटी। चलते-चलते एक व्यापारी ने अपने साथी से कहा, तुम सड़क के किनारे पड़ी लोहे की यह कील देख रहे हो ना, अगर कोई बुद्धिमान व्यक्ति हो, तो इससे भी व्यापार आरंभ कर सकता है।

प्रकुल : आपने उन व्यापारियों से पूछा कि यह कैसे हो सकता है ?

सेठ : नहीं प्रकुल। मैंने उनसे नहीं पूछा। जब वे कुछ आगे बढ़ गए तो मैं पीछे लौटा और मैंने सड़क के किनारे पड़ी वह कील उठा ली ! *(बात आगे बढ़ाते हुए)* मैं बार-बार यही सोचता रहा कि इन व्यक्तियों के कहे अनुसार इस अकेली कील से व्यापार कैसे किया जा सकता है ?

प्रकुल : लेकिन यह बात तो आपने उन्हीं से पूछी होती, पिताजी ?

सेठ : नहीं बेटे, आदमी पढ़कर, पूछकर तो सीखता ही है, बहुत कुछ अपनी बुद्धि से भी सीख लेता है। तुम धैर्यपूर्वक आगे का हाल सुनो।

अतुल : सुनाइए पिताजी, आगे क्या हुआ ?

सेठ : मैं कील को हाथ में लिए सड़क पर आगे बढ़ता गया। दिमाग़ में एक ही सवाल था कि इस बेकार-सी कील से व्यापार कैसे शुरू किया जा सकता है ? जाड़ों के दिन थे और गन्ने का सीज़न चल रहा था।

अतुल : लेकिन गन्ने के सीज़न का कील से क्या संबंध हुआ, पिताजी ?

सेठ : उतावले मत बनो, ध्यानपूर्वक सुनते जाओ। आगे निकलकर मैंने देखा कि एक किसान गन्ने से भरी गाड़ी रोके सड़क के किनारे बैठा है और पहिए में कुछ ठोक रहा है। मैंने पूछा, क्यों भाई, क्या हुआ जो तुम यों बैठे हो ?

अतुल : गाड़ी का पहिया टूट गया होगा, पिताजी ?

सेठ : नहीं बेटे। किसान ने बताया कि पहिए के धुरे की कील टूट कर गिर गई है। पहिए के बाहर निकल आने का ख़तरा है। पास में बाज़ार भी नहीं है जहाँ से कोई कील ख़रीद लाए।

प्रकुल : किसान की समस्या सुनकर आपने क्या किया, पिताजी ?

सेठ : वही सब तो बताता हूँ। किसान की समस्या सुनकर मुझे व्यापारी की बात याद आ गई कि आदमी बुद्धिमान हो तो एक कील से भी व्यापार करके मालामाल हो सकता है।

अतुल : पिताजी ने किसान को वह कील दे दी, बस।

सेठ : नहीं। मैंने किसान से पूछा—क्या इस कील से तुम्हारा काम चल सकता है? किसान ने कील को देखा और बोला, बिल्कुल चल जाएगा। तुम यह कील मुझे दे दो।

प्रकुल : फिर!

सेठ : यह सुनते ही मेरी बुद्धि एकदम जाग गई। मैंने किसान से कहा, यह कील मेरे काम की है, मैं इसे दूँगा नहीं।

अतुल : इस पर किसान नाराज हो गया होगा!

सेठ : किसान बोला, तुम जानते हो बालक, बाज़ार यहाँ से दूर है। मैं गन्ने से भरी गाड़ी अकेली छोड़कर जा नहीं सकता। तुम यह कील मुझे पैसे लेकर दे दो। तुम बाज़ार से दूसरी कील खरीद लेना?

प्रकुल : आपने ऐसा ही किया, पिताजी?

सेठ : हाँ बेटे। मैंने किसान से कहा कि मैं यह कील दो रुपये में दे सकता हूँ, इससे कम में नहीं। किसान ने मुझे दो रुपये दिए और कील को पहिए की धुरी में ठोककर गाड़ी आगे बढ़ा दी।

प्रकुल : आपने दो रुपये का क्या किया, पिताजी?

सेठ : मैं घर से ख़ाली हाथ निकला था बेटे, अब मेरे पास दो रुपये थे। पर प्रश्न यह था कि दो रुपये की छोटी-सी राशि से क्या काम किया जा सकता था भला?

अतुल : दो रुपये से तो कुछ भी नहीं हो सकता, पिताजी!

सेठ : हाँ, पर अनुभवी व्यापारियों का तो यह कहना था कि बेकार कील बेचकर भी आदमी मालामाल हो सकता है।

अतुल : लेकिन आपने उनसे पूछा क्यों नहीं कि कैसे?

सेठ : मामला पूछने का नहीं, बुद्धि का था बच्चो! मैंने कुछ देर सोचा। फिर निश्चय किया कि कल सुबह इन रुपयों के फूल खरीदकर माता के मंदिर के सामने बैठूँगा। यदि श्रद्धालुओं की कृपा हो गई तो दो के दस हो जाएँगे।

प्रकुल : तो फिर, क्या ऐसा ही किया आपने?

सेठ : हाँ बेटे, मैं वह रुपये लेकर उस दिन तो घर आ गया। माँ को कुछ नहीं बताया। रातभर कार्यक्रम बनाता रहा। सूरज निकलने से पहले ही एक माली से दो रुपये के ढेर सारे फूल ख़रीद लिए। उन्हें एक

टोकरी में रखकर मंदिर के सामने जा बैठा।

अतुल : क्या सारे फूल बिक गए, पिताजी ?

सेठ : हाँ बेटे, वे फूल अधिक अच्छे और ताज़ा थे। हाथों-हाथ बिक गए। श्रद्धालुओं ने मोलभाव नहीं किया। मुँहमाँगे पैसे दिए मुझे।

प्रकुल : इन पैसों से आपने फिर कौन-सा व्यापार किया, पिताजी ?

सेठ : मैं जल्दीबाज़ी में नहीं पड़ा, बेटे। पहले कई हफ़्तों तक फूल बेचता रहा। फिर फूलों के साथ-साथ मैंने प्रसाद रखना भी शुरू कर दिया। इस तरह मेरा धंधा चलने लगा।

अतुल : मंदिर के सामने आपने दुकान बना ली होगी, पिताजी !

सेठ : नहीं, दुकान नहीं बनाई, फड़ लगाकर बहुत समय तक बैठता रहा। जिन दिनों माता का मेला लगता था, उन दिनों प्रसाद और फूलों की बहुत बिक्री होती थी। धीरे-धीरे मेरे पास काफ़ी पैसा इकट्ठा हो गया। माँ को भी आराम मिला और घर की रोटी आराम से चलने लगी।

अतुल : लेकिन अब तो कपड़े का बहुत बड़ा कारोबार है, आपका ?

सेठ : हाँ, इस व्यापार तक पहुँचते-पहुँचते मुझे बीच-बीच में कई और धंधे करने पड़े।

अतुल : जैसे ?

सेठ : जैसे एक बार बहुत तेज़ आँधी आई। सड़क के बहुत-से पेड़ गिर गए। मैंने उनका ठेका लिया। इस लकड़ी को ईंधन और फर्नीचर में बेच दिया। अब इतना पैसा हो गया कि मैं कपड़े की दुकान कर सकूँ।

प्रकुल : अब तो शहर में कपड़े की सबसे बड़ी दुकान आपकी है। लोग आपका सम्मान करते हैं।

अतुल : तो यह छोटी-सी कील का चमत्कार हुआ, पिताजी।

सेठ : नहीं बेटे ! कील का नहीं, उस वाक्य का जो व्यापारी ने अपने साथी से कहा था। आदमी बुद्धिमान हो तो एक कील से व्यापार करके भी मालामाल हो सकता है।

❑

बँटवारा

❑

पात्र-परिचय

रामू और श्यामू : *सगे-भाई*
रजनी : *रामू-श्यामू की बहिन*
तुलसा : *रामू की पत्नी*

[दृश्य में एक छोटा-सा घर उभरता है। घर में केवल एक कमरा है और छोटे से आँगन में रामू, श्यामू, तुलसा और रजनी बैठे वार्तालाप में व्यस्त हैं। बीस वर्षीय रामू का छोटा भाई श्यामू अभी केवल 16-17 वर्ष का किशोर है। रजनी रामू और श्यामू की 10 वर्षीया बहिन है और तुलसा रामू की पत्नी। वातावरण ग्रामीण जीवन का है।]

रामू : *(छोटे भाई श्यामू से)* भैया ! यह तो तुम जानते ही हो कि मरते समय बापू ने केवल एक बाग छोड़ा था। उसका बँटवारा उन्होंने अपने

सामने ही कर दिया था।

श्यामू : हाँ, रामू भैया! पूरा गाँव जानता है इस बात को। बापू बँटवारा कर गए थे बाग का।

रामू : और दक्षिण का आधा भाग तुम्हारे हिस्से में आया था, उत्तर का आधा मेरे हिस्से में।

श्यामू : हाँ भैया, ठीक कहते हो तुम।

रामू : और तुम्हें यह भी पता होगा कि दोनों हिस्सों में आम के पचास-पचास पेड़ हैं। उनकी फसल बेचकर ही इस घर का खर्चा चलता है।

श्यामू : मुझे पता है, भैया।

रामू : इस बार से अपना हिस्सा तुम खुद बेचना और अपना हिस्सा मैं बेचूँगा।

श्यामू : पर भैया, अभी तो मैं छोटा हूँ! मुझे बाग आदि बेचने का अनुभव नहीं है।

रामू : लेन-देन के धंधे में नहीं पड़ोगे तो अनुभव कैसे होगा, श्यामू? ये सब तो तुम्हें करना ही पड़ेगा एक न एक दिन।

श्यामू : पर मरने से पहले बापू ने तुमसे कहा था कि जब तक श्यामू बड़ा न हो जाए, तब तक बाप बनकर तुम उसकी देखभाल करना।

रामू : छह महीने तो हो गए बापू को मरे। अब तुम कोई इतने छोटे बच्चे नहीं रह गए हो, श्यामू। भगवान की कृपा से 16 वर्ष के हो, अपना काम आप सँभाल सकते हो।

श्यामू : कौन-सा काम, रामू भैया ?

रामू : अरे भाई, यही बाग की देखभाल का, पेड़ों को पानी लगाना, बौर आने पर दवाई छिड़कना आदि ।

श्यामू : यह काम तो पहले भी होते रहे हैं, रामू भैया !

रामू : लेकिन अब तक बाग सबका साझा था, अब उसका बँटवारा हो गया है।

श्यामू : बँटवारे से क्या होता है, भैया?

रामू : यही कि तुम्हारा हिस्सा अलग, मेरा हिस्सा अलग।

श्यामू : तो क्या बाप के मरने पर ही चीज़ बँट जाती है, रामू भैया?

रामू : हाँ, श्यामू। इसीलिए मैं कहता हूँ, आज इस घर को भी बाँट लेना

चाहिए।

श्यामू : क्यों भैया, घर बाँटने की जल्दी क्या है इतनी

रामू : यह तुम्हारी भाभी है तुलसा, कल इसका बालक भी होगा ! तुम जवान हो जाओगे तो तुम्हारी शादी भी होगी। तब सब को एक साथ रहना मुश्किल हो जाएगा। रजनी की शादी भी तुम्हें करनी है। मुझ पर पहले ही गृहस्थी का बोझ ज़्यादा है।

श्यामू : पर घर बाँटने की इतनी जल्दी क्या है, रामू भैया ?

रामू : जो काम कल होना है, वह आज ही हो जाए तो अच्छा है। जरूरी कामों में देर नहीं होनी चाहिए, श्यामू।

श्यामू : तो ठीक है भैया, जैसी तुम्हारी मर्जी।

| रामू कुछ देर बैठा सोचता रहता है। फिर उठकर कमरे के चारों ओर घूमता है। आँगन की फ़ीते से नाप-तौल करता है और लौटकर फिर श्यामू के सामने आ बैठता है। |

रामू : एक ही कमरा है और छोट-सा आँगन। अगर इसे बीच से बाँट लिया जाता है तो न यह तुम्हारे काम का रहेगा और न मेरे काम का।

श्यामू : फिर बँटवारा कैसे होगा, भैया ?

रामू : वही मैं सोच रहा हूँ। मेरे साथ तुलसा है और तुम्हारे साथ छोटी बहिन रजनी है। घर के दो भाग हो जाएँगे, तो हममें से कोई भी उसमें नहीं रह सकता।

तुलसा : पर मैं साझे घर में नहीं रहूँगी जी, चाहे कुछ भी हो।

रजनी : क्यों नहीं रहोगी भाभी जी, क्या मैं तुम्हें प्यार नहीं करती ?

तुलसा : तू चुप रह रजनी। बच्चे बड़ों की बात में नहीं बोला करते।

| रजनी उठकर चली जाती है और आँगन में बैठकर अपनी गुड़िया के लिए मिट्टी का घर बनाने लगती है। |

रामू : वहाँ क्या कर रही है रजनी तू ?

रजनी : गुड़िया का घर बना रही हूँ, भैया !

रामू : वह तो बारिश में बह जाएगा री !

रजनी : पर इसका बँटवारा करने वाला तो कोई नहीं होगा, भैया !

श्यामू : अच्छा, तो घर का जो भी फैसला तुम्हें करना हो भैया, वह कर लो, मुझे कोई आपत्ति नहीं है। फैसला जल्दी सुनाओ। मुझे बाग में जाना है, पेड़ों को पानी देने।

रामू : मैं भी चलूँगा। दो मिनट ठहर जा जरा।

श्यामू : *(उठते-उठते फिर बैठ जाता है)* बापू अपने सामने ही घर का भी बँटवारा कर गया होता तो अच्छा था।

रामू : मौत ने उसे इतना समय ही कहाँ दिया श्यामू, उसने तो एकदम आँखें मूँद लीं।

श्यामू : अच्छा तो बताओ कैसे करना है, बँटवारा घर का?

रामू : देख, ऐसे करते हैं, घर को ऊपर-नीचे से बांटे लेते हैं। इस तरह मुझे भी काफ़ी जगह मिल जाएगी और तुझे भी ।

श्यामू : मैं तुम्हारा मतलब नहीं समझा, रामू भैया!

रामू : मतलब तो साफ है श्यामू, कमरा मेरा और छत तेरी।

श्यामू : पर भैया, खुली छत पर मैं और रजनी कैसे रहेंगे, जाड़े में या गर्मी में?

रामू : खुली छत पर तो रह भी सकोगे, पर छोटे से आँगन और कमरे को दो-फाड़ करके तो रह ही नहीं सकते। न तुम, न मैं। न तो तुम्हारी दो खाट आ सकती हैं और न मेरी।

श्यामू : लेकिन खुली छत पर!

रामू : *(बीच में बात काटते हुए)* खुली छत से मत डरो, श्यामू। ऊपर एक छपरिया डाल लेना छाया के लिए।

श्यामू : ठीक है भैया। जो फैसला तुमने किया, वह मुझे मंजूर है।

दृश्य : परिवर्तन

[श्यामू और उसकी बहिन रजनी एक छोटी-सी छपरिया बनाने में व्यस्त हैं। रामू और उसकी पत्नी आँगन में बैठे उन्हें काम करते हुए देख रहे हैं।]

रामू : छपरिया बन जाए तो हमें बुला लेना श्यामू, हम इसे छत पर बँधवा देंगे।

श्यामू : ठीक है भैया, बता दूँगा।

रामू : जरा मजबूत छपरिया बनाना। इन दिनों साढ़ से पहले आँधियाँ बहुत आया करती हैं, समझा!

श्यामू : हाँ भैया, समझ गया हूँ।

[रामू, श्यामू, तुलसा और रजनी एक छोटी-सी छपरिया को कमरे की छत पर रस्सी से बाँध देते हैं। रात का समय है। रामू और उसकी पत्नी तुलसा नीचे घर में आराम कर रहे हैं और श्यामू तथा उसकी बहिन रजनी छत पर छपरिया के नीचे हैं।]

रजनी : भैया, मेरा तो इस छपरिया के नीचे मन नहीं लग रहा है। चल, नीचे चलें।

श्यामू : नहीं रजनी, ऐसा नहीं कहते ! अब घर का बँटवारा हो गया है। भैया घुसने नहीं देगा नीचे।

रजनी : चल कर देखें !

श्यामू : नहीं-नहीं रजनी। सो जा, चुपके से, भाभी बहुत मारेगी।

रजनी : यह साँय-साँय की आवाज़ कैसी आ रही है, भैया ?

श्यामू : *(ध्यान लगाते हुए)* लगता है रजनी आँधी आने को है।

रजनी : फिर क्या करें ?

श्यामू : कुछ नहीं, आराम से बैठी रहो। मुझे तो डर है कहीं पेड़ों की सारी आमियाँ न झड़ जाएँ।

रजनी : भगवान ही रक्षा करने वाला है, भैया।

[साँय-साँय करके तेज़ आँधी चलने लगती है। दोनों भाई-बहिन अपनी पूरी शक्ति से छपरिया की रस्सियों को पकड़ लेते हैं, लेकिन तेज़ हवा उसे बार-बार उछाल देती है। अचानक आँधी का एक और तेज़ झोंका आता है। रस्सी टूट जाती है और छपरिया उड़कर दूर जा गिरती है। तेज़ हवा के साथ ही मूसलाधार वर्षा होने लगती है। श्यामू और रजनी छत पर बुरी तरह भीग गए हैं।]

रजनी : चल भैया। नीचे चल, यहाँ इस तरह कब तक भीगेंगे ! मुझे तो अब ठंड लगने लगी है, भैया।

श्यामू : ठंड तो मुझे भी लग रही है रजनी, पर करें क्या?

रजनी : चल नीचे उतर, जल्दी।

श्यामू : लेकिन मुझे तो नीचे जाने का साहस नहीं होता, रजनी।

रजनी : क्यों, साहस क्यों नहीं होता तुझे?

श्यामू : घर का बँटवारा जो हो चुका है रजनी ।

रजनी : बँटवारे से क्या होता है भैया?

श्यामू : यही होता है रजनी, हम छत पर वर्षा से भीग रहे हैं और रामू भैया नीचे आराम से सो रहे हैं।

[दोनों भाई-बहिन वर्षा में भीगते हुए छत से नीचे उतरते दिखाई देते हैं। रजनी कमरे के दरवाज़े पर खड़ी दस्तक दे रही है। श्यामू कोने में अपने कपड़े निचोड़ रहा है।]

रजनी : भैया, भैया, हम बहुत भीग गए हैं, दरवाज़ा खोलो, जल्दी से। छत की छपरिया भी उड़ गई है आँधी में।

[कोई आवाज़ नहीं आती। वर्षा जारी है।]

श्यामू : भैया, मैं सुबह मजबूत छप्पर छत पर डाल लूँगा, अब हमें अंदर आने दे। जल्दी दरवाजा खोल।

[दरवाज़ा नहीं खुलता है, बारिश और तेज़ हो जाती है। दोनों भाई-बहिन एक कोने में सिकुड़कर बैठ जाते हैं।]

रजनी : बँटवारा तो बहुत बुरा होता है, भैया।

श्यामू : पर यह मैंने तो नहीं, स्वयं भैया ने किया था।

रजनी : पर हम ऐसे कैसे रहेंगे, खुली छत पर?

श्यामू : तू चिंता न कर। मैं कोई उपाय निकाल लूँगा, इसका।

[दोनों देर तक कोने में चुपचाप बैठे रहते हैं। बारिश हलकी होते-होते बूँदा-बाँदी में परिवर्तित हो जाती है। सुबह होने को है और चिड़िया चहचहाने लगी हैं।]

श्यामू : *(रजनी से)* रजनी बहिन। एक फावड़ा तू उठा और एक मुझे लाकर

अनुचित बँटवारे का यही अंत होता है, भैया

दे।

रजनी : *(फावड़े उठाकर लाती है)* ले क्या करेगा, इनका ?

श्यामू : चल मेरे साथ छत पर।

[दोनों छत पर चढ़ जाते हैं और फावड़े से छत खोदने लगते हैं।]

रामू : *(फावड़े की आवाज़ सुनकर छत पर जाता है)* यह क्या कर रहे हो तुम लोग ?

श्यामू : छत खोद रहे हैं।

रामू : क्यों, छत क्यों खोद रहे हो तुम ?

श्यामू : तुम यह पूछने वाले कौन होते हो भला ? मेरी छत है यह, मुझे बँटवारे में मिली है। मैं चाहे जो करूँ।

रजनी : भैया फावड़े की आवाज से तुम्हारी आँख खुल गई। हम रात-भर इतना चीखे, तब तुम नहीं उठे।

रामू : अरे रुको तो, इस तरह तो घर न मेरा रहेगा, न तुम्हारा।

श्यामू : अनुचित बँटवारे का यही अंत होता है, भैया।

[श्यामू फिर फावड़ा चलाता है।]

रामू : रुको तो श्यामू, मैं रद्द करता हूँ इस बँटवारे को।

❑

एक चुटकी संतोष

❑

पात्र-परिचय

राधारानी : *सोना की माँ*
सोना : *12 वर्षीया बालिका*
श्रीनिवास : *सोना के पिता*
शालिनी, क्षिप्रा, प्रेमलता : *सोना की सहेलियाँ*
ओंकार : *सोना का सहपाठी*
पंडित जी : *समझदार वृद्ध तथा प्रेमलता के पिता*

दृश्य : एक

[पर्दा उठता है तो मंच पर एक 12 वर्षीया बालिका सोना, उसकी माँ राधारानी तथा पिता श्रीनिवास दिखाई देते हैं। सोना इस समय अपनी एक बड़ी-सी गुड़िया का श्रृंगार करने में लीन है। उसने गुड़िया को लाल रंग का जोड़ा पहनाया

है। उसके माथे पर बिंदी लगाई है। माँ राधारानी उसे यह सब करता देख रही है।]

राधारानी : क्यों बेटी सोना, तुम अपनी गुड़िया चंपा का ब्याह क्यों नहीं कर देती हो, चंपा तो स्यानी हो गई है अब !

सोना : ब्याह करना कोई आसान थोड़े ही है मम्मी। वरपक्ष वाले तो दहेज बहुत माँगने लगे हैं इन दिनों।

श्रीनिवास : कहीं बात चलाई थी तुमने ?

सोना : क्यों नहीं पापा, कई जगह बात चलाई। पर लड़के वाले दहेज इतना माँगते हैं कि उनकी माँग पूरी नहीं की जा सकती।

राधारानी : तो चंपा को कब तक घर बिठाए रखोगी बेटी ? एक न एक दिन तो तुम्हें इसका विवाह करना ही होगा।

सोना : मैंने फ़ैसला कर लिया है मम्मी, जब तक कोई ऐसा लड़का नहीं मिलेगा, जो दहेज़ न माँगे, तब तक मैं अपनी गुड़िया का विवाह नहीं करूँगी।

श्रीनिवास : और अगर ऐसा वर तुम्हें नहीं मिला तो— ?

सोना : मैं अपनी गुड़िया का विवाह नहीं करूँगी, पापा !

श्रीनिवास : यह तो कोई बात नहीं हुई बेटी। अगर दुनिया के सारे बेटी वाले यही सोच लें कि हम बिना दहेज़ दिए विवाह करेंगे, दहेज़ नहीं देंगे तो देश की सारी युवतियाँ अविवाहित रह जाएँगी।

सोना : ऐसा कैसे हो सकता है पापा ? जब सब लोग दहेज़ न देने का निश्चय कर लेंगे तो कोई दहेज़ माँगने का साहस ही कैसे करेगा ?

[सोना फिर से अपनी गुड़िया के श्रृंगार में व्यस्त हो जाती है। तभी उसकी मम्मी उसे संबोधित करती हैं।]

राधारानी : सोना, तुम तो कल्पना की दुनिया की सैर कर रही हो भई। न बेटी वाले दहेज़ देना छोड़ेंगे, न दहेज़ माँगने वाले माँग करना छोड़ेंगे। समाज ने जो डगर पकड़ ली है, वह उसी पर चलता रहेगा और तुम्हें भी चाहे-अनचाहे उसी डगर पर चलना पड़ेगा, बेटी !

पर दहेज नहीं। किसी कीमत पर नहीं।

सोना : नहीं मम्मी, मैं दहेज देकर अपनी गुड़िया का विवाह नहीं करूँगी। किसी भी हालत में नहीं। तय कर लिया है मैंने।

राधारानी : दहेज नहीं देगी तो उम्र-भर यों ही खेलती रहना अपनी गुड़िया से।

श्रीनिवास : उम्र-भर कहाँ खेल पाएगी राधा। दस वर्ष बाद वह दिन भी आएगा, जब इसके हाथों पर मेंहदी लगेगी, दुल्हन बनेगी यह।

सोना : मैं तब भी घर से दहेज लेकर नहीं जाऊँगी पापा ?

श्रीनिवास : पर बेटी, बिना दहेज तुम्हें लेकर कौन जाएगा ?

सोना : नहीं जाएगा तो मैं शादी नहीं करूँगी।

राधारानी : फिर तो तुम और तुम्हारी गुड़िया दोनों अकेले ही रह जाएँगे इस संसार में।

सोना : रह जाएँ, पर दहेज नहीं। किसी कीमत पर नहीं।

दृश्य : दो

सोना : *(अपनी एक सहेली से बात करती हुई)* क्यों शालिनी ! तुम अपने गुड्डे का विवाह करोगी मेरी गुड़िया से ? बहुत सुंदर गुड़िया है मेरी, बहुत सुघड़, सीधी, चरित्रवान।

शालिनी : वह तो मैंने देखा है उसे। पर इन बातों से क्या होता है सोना ? सुंदर और सुघड़ होने से पेट नहीं भरता है, पगली। यह बता कि दान-दहेज कितना देगी तू।

सोना : *(चिढ़कर)* फूटी कौड़ी नहीं।

शालिनी : फूटी कौड़ी नहीं, तो अपनी गुड़िया को लेकर नाचती फिर। मेरे लिए और बहुत गुड़ियाएँ हैं।

सोना : अच्छा बता तो दहेज में तू क्या-क्या लेगी ?

शालिनी : स्कूटर, टी०वी०, फ्रिज। एक अच्छे घर की जरूरत का सभी सामान और नकद रुपया भी।

सोना : ना बाबा ना, मेरे बस का नहीं है यह सब। तू तो अपने गुड्डे को सँगवा के रखना अपने घर में। मैं चली।

दृश्य : तीन

सोना : *(एक और सहेली से बात करते हुए)* क्यों क्षिप्रा ? तुम अपने गुड्डे का विवाह करोगी मेरी गुड़िया से ?

क्षिप्रा : हाँ-हाँ, क्यों नहीं, हम दोनों सहेलियाँ हैं। इससे अधिक खुशी की बात और क्या होगी मेरे लिए ?

सोना : मैं भी यही सोचती हूँ। अब तो हम केवल दोस्त हैं, ऐसा हो गया तो हम फिर रिश्तेदारी के सूत्र में बँध जाएँगे, दूध-शक्कर की तरह एक हो जाएँगे हम।

क्षिप्रा : बिल्कुल-बिल्कुल।

सोना : तो फिर बात पक्की समझूँ मैं ?

क्षिप्रा : हाँ, मगर गुड्डे के पापा की कुछ माँग है।

सोना : क्या माँग है क्षिप्रा, बता।

क्षिप्रा : वह नकद धन चाहते हैं, दो लाख।

सोना : *(कान पकड़ते हुए)* ना बाबा, ना, मेरे बस का नहीं है।

क्षिप्रा : बस का क्यों नहीं है? तेरे पापा तो खूब कमाई करते हैं जम करके। थोड़ा-सा गुड़िया के विवाह पर लगा देंगे तो क्या अंतर पड़ने वाला है भला ?

सोना : नहीं भई, नहीं। यह मैं नहीं करूँगी। दहेज न देने का संकल्प ले रखा है मैंने।

क्षिप्रा : बस तो हो चुका तुम्हारी गुड़िया का विवाह। घर बिठाए रखो जीवन-भर उसे।

दृश्य : चार

सोना : *(अपने एक सहपाठी बालक ओंकार से बात करते हुए)* क्यों ओंकार भैया ! तुम्हारे गुड्डे की कहीं से बात पक्की हो गई क्या ?

ओंकार : नहीं, अभी बात पक्की तो नहीं हुई । प्रस्ताव कई जगहों से आए हैं, शादी के।

सोना : फिर तुमने हाँ क्यों नहीं की किसी के लिए ?

ओंकार : कर देंगे बहिन, जल्दी क्या है ?

सोना : एक प्रस्ताव मेरा भी है। अपनी चंपा है ना! गुड़िया, बहुत सुंदर-सुघड़। तुम चाहो तो, बहुत ही बढ़िया जोड़ी रहेगी दोनों की।

औंकार : वैरी गुड सोना, वैरी गुड! तुम्हारा संबंधी बनकर तो गर्व होगा मुझे। बोलो क्या दोगी?

सोना : क्या मतलब?

ओंकार : मतलब तो साफ़ है। मुझे क्या दोगी नहीं, वरन् क्या-क्या दोगी कहना चाहिए था।

सोना : देना-लेना कुछ नहीं है मुझे, ओंकार भैया। खाली गुड़िया देनी है। पुरखों ने कहा है, जिसने बिटिया दे दी, उसने सबकुछ दे दिया।

ओंकार : पुरखों की बात छोड़ो, सोना बहन। वे मर गए तो उनके साथ ही उनकी बात भी मर गई। अब जमाना और है। बिना लिए-दिए जीवन नहीं चलता है अब!

सोना : पर यह तो शादी नहीं, व्यापार हो गया, ओंकार भैया!

ओंकार : जो कुछ भी तुम समझो, जीवन तो व्यापार ही है।

सोना : तो दहेज के बिना बात नहीं बनेगी?

ओंकार : बनना तो दूर रहा बात बिगड़ जाएगी, सोना बहिन। अच्छा है इस किस्से को यहीं रहने दो।

दृश्य : पाँच

[सोना और उसके माता-पिता इकट्ठे बैठे हुए हैं।]

श्रीनिवास : क्यों सोना, तुम्हारी गुड़िया की बात पक्की हो गई है कहीं?

सोना : नहीं पापा, जिसके सामने भी शादी का प्रस्ताव रखती हूँ वह ढेर सारी माँगें गिना देता है अपनी।

राधारानी : मैंने तो पहले ही कहा था बेटी। बिना लेन-देन किए हाथ पीले नहीं होते हैं अब गुड़िया के।

सोना : हालत बहुत खराब हो गई है मम्मी। बात करके अपमानित होना पड़ता है, गुड्डे वालों से।

श्रीनिवास : पैसे के अलावा किसी और चीज़ का मूल्य नहीं रह गया है समाज में, न सौंदर्य का न चरित्र का।

सोना : आप ठीक कहते हैं पापा। मैंने कितनी ही जगहों पर बात चलाई। किसी ने शिक्षा, सुघड़ता, चरित्र के बारे में कोई चिंता नहीं की। सबको बस धन और सामान की चिंता थी। लगता है समाज में पैसा प्रधान हो गया है, पापा । बाकी चीजें बाद में।

राधारानी : अरी पगली, और कहाँ-कहाँ भटकेगी तू? मेरी बात मान, ब्याह कर दे अपनी गुड़िया का।

श्रीनिवास : बिल्कुल! तुम्हारी मम्मी ठीक कहती हैं, बेटी। ऐसा कोई नहीं मिलेगा तुम्हें, जो ख़ाली हाथ गुड़िया का हाथ थाम ले।

सोना : तब मैं अपनी गुड़िया का विवाह ही नहीं करूँगी पापा। यह तय समझिए।

राधारानी : फिर क्या करेगी?

सोना : पढ़ा-लिखाकर योग्य बनाऊँगी उसे। राष्ट्र-सेवा, देश-सेवा के लिए तैयार करूँगी उसे। दहेज-प्रथा के विरुद्ध संघर्ष करने की प्रेरणा दूँगी उसे।

श्रीनिवास : इन बातों से काम नहीं चलता है सोना, बेटियाँ तो पराया धन होती हैं। उनकी डोलीं तो घर से उठवानी ही पड़ती है सबको।

सोना : बस अंत में एक जगह और प्रयास करूँगी पापा, फिर छुट्टी सदैव के लिए।

श्रीनिवास : कहाँ जाओगी अब?

सोना : पंडित रमाशंकर हैं ना, बहुत बड़े विद्वान नगर के! उनकी लड़की है प्रेमलता। उसके सामने यह प्रस्ताव और रखना है बस।

राधारानी : अरे बेटी, वहाँ भी यही जवाब मिलना है। दूध का धुला अब कोई नहीं है, इस दुनिया में। विद्वान तो और भी शैतान हो गए हैं इस ज़माने में।

सोना : देखती हूँ मम्मी।

दृश्य : छह

[सोना पंडित रमाशंकर की बेटी प्रेमलता से बात कर रही है ।]

सोना : प्रेमलता बहिन ! मैं एक प्रस्ताव लेकर आई हूँ तुम्हारे पास ।

प्रेमलता : बोलो, बोलो, निःसंकोच !

सोना : वह मेरी गुड़िया है ना चंपा, अब उसके हाथ पीले करना चाहती हूँ मैं । तुम्हारे गुड्डे के लिए प्रस्ताव लेकर आई हूँ । आशा है कि तुम मुझे निराश नहीं करोगी ।

प्रेमलता : मेरे लिए इससे अधिक प्रसन्नता की बात और क्या हो सकती है ! सोना, तुम्हारी चंपा मेरे घर में आएगी तो शोभा बढ़ जाएगी मेरे घर की ।

सोना : तो फिर बात पक्की समझूँ मैं, कोई माँग तो नहीं है तुम्हारी ?

प्रेमलता : माँग तो है बहिन !

सोना : क्या माँग है बता ।

प्रेमलता : मेरे पापा ने कह रखा है बहिन कि दुनिया की सबसे कीमती चीज जो दहेज में लाकर दे, उसी से विवाह करना तुम अपने गुड्डे का ।

सोना : वह चीज क्या है बहिन !

प्रेमलता : एक चुटकी संतोष ?

सोना : पर यह मिलेगा कहाँ ?

प्रेमलता : जहाँ भी मिले ! और जब तुम्हारी गुड़िया को यह मिल जाए तो शादी पक्की समझो । वह जयमाला के साथ एक चुटकी संतोष का तिलक भी देगी दूल्हे को ।

सोना : ठीक है, मैं तलाश करती हूँ इस संतोष को ।

दृश्य : सात

[सोना से उसके पापा श्रीनिवास बात करते हुए]

श्रीनिवास : क्यों बेटी ! गुड़िया की बात आगे बढ़ी कुछ ?

सोना : हाँ पापा ! पंडित रमाशंकर की बेटी प्रेमलता से बात हुई है। वह और कुछ नहीं, एक चुटकी संतोष की माँग करती है। कहती थी जयमाला के साथ एक चुटकी संतोष चाहिए तिलक के लिए। उसने कहा यह दुनिया की सबसे कीमती चीज है।

श्रीनिवास : तो बेटी तलाश करो इसे, जहाँ भी यह मिलती हो, जिस भाव भी यह मिलती है, हम अवश्य ख़रीद लेंगे इसे।

सोना : मैं तो पापा, प्रेमलता के घर से लौटकर पूरे बाजार में घूम आई। कहीं तिलक के लिए संतोष नाम की वह चीज नहीं मिली।

राधारानी : कहाँ-कहाँ गई थीं बेटी, तुम ?

सोना : कहाँ नहीं गई मम्मी ! सभी विवाह-सामग्री बेचने वालों के यहाँ पूछा, पंसारी की एक-एक दुकान छान मारी। जनरल मर्चेन्ट नहीं छोड़ा कोई शहर का। लेकिन एक चुटकी संतोष कहीं नहीं मिला।

राधारानी : क्या कहते हैं दुकानदार, कहाँ से प्राप्त होगा ?

सोना : वे कहते हैं, संतोष नाम की कोई चीज बाजार में नहीं मिलेगी बेटी ! तुम विद्वान पंडित रमाशंकर के पास जाओ। वही ठीक-ठीक पता बताएँगे, यह सामग्री कहाँ मिलती है।

दृश्य : आठ

सोना : *(पंडित रमाशंकर जी के चरण छूते हुए)* नमस्ते बाबा जी !

पंडित जी : जीती रहो बेटी ! आओ।

सोना : *(चरणों में बैठते हुए)* बाबा जी, बहिन प्रेमलता ने दहेज में एक चुटकी संतोष माँगा था। वह तो बाजार में कहीं मिलता नहीं। आपको ज्ञात हो तो बताइए, कहाँ से प्राप्त होगा वह ?

पंडित जी : वह, बेटी, बाज़ार में नहीं बिकता है। मैं उसके बारे में एक पर्चे पर लिखे देता हूँ। तुम इसे खोलकर पढ़ लेना।

सोना : ठीक है बाबा जी, बहुत-बहुत धन्यवाद।

[पंडित रमाशंकर पर्चे पर कुछ लिखकर सोना को देते हैं। तभी उसकी सहेली प्रेमलता भी आ जाती है। सोना एक-एक शब्द पर ज़ोर देकर पर्चा पढ़ती है।]

सोना : *(पर्चा पढ़ते हुए, हलकी आवाज़ में)* संसार के सबसे भयंकर कीटाणु स्वाद और स्वार्थ में छिपे रहते हैं। जब यह असीमित हो जाते हैं तो जीवन, समाज, गृहस्थी, सभी कुछ ऐसे रोग से पीड़ित हो जाते हैं, जो असाध्य है। स्वस्थ जीवन के लिए और स्वाद को नियंत्रण में रखने के लिए एक चुटकी संतोष की आवश्यकता होती है। यह संतोष उन कीटाणुओं को फैलने नहीं देता। बेटी को विदा करते समय संतोष की यह पुड़िया देना और कहना कि वह इसमें से एक चुटकी अपने पति को दे—क्योंकि जहाँ संतोष होगा, वहाँ सुख होगा। और सुख से बड़ा कोई दहेज नहीं है।

सोना : *(ज़ोर-ज़ोर से तालियाँ बजाते हुए)* वाह-वाह। गुत्थी सुलझ गई दहेज की। अब मेरी चंपा का विवाह होगा शान के साथ।

❑

साधु के वेश में ठग

❑

पात्र-परिचय

साधु : *ढोंगी साधु*
शरद : *समझदार बालक*
शारदा : *शरद की माँ, सीधी-सरल महिला*
अहमद : *शरद का मित्र*
दरोगा

दृश्य : एक

[पर्दा उठता है तो एक छोटे-से घर में चौदह-पंद्रह वर्ष का एक किशोर शरद अपने कोर्स की किताब पढ़ता दिखाई देता है। उसकी माँ रसोई में खाना तैयार कर रही है। छोटी बहन शालिनी मेज़ के सामने कुर्सी डाले कैंची से रंग-बिरंगे काग़ज़ काटकर फूल बनाने का प्रयास कर रही है। उसकी अवस्था सात-आठ वर्ष से अधिक नहीं है। दोपहर का समय है। द्वार पर एक साधु

खड़ा है। वह केसरी वस्त्र धारण किए हुए है। उसकी दाढ़ी लंबी और सफ़ेद है। हाथ में कमंडल और गले में माला है।]

साधु : जय शिवशंकर। ला माई, भिक्षा दे।

शरद : *(किताब छोड़ साधु की तरफ़ लपकता है)* नमस्ते महाराज।

साधु : जीते रहो बेटा, जीते रहो। खुश रहो।

शरद : क्या लोगे बाबा। भोजन करोगे क्या?

साधु : हाँ बेटा, भोजन करेंगे, दक्षिणा भी लेंगे।

शारदा : कौन है शरद? द्वार पर किससे बातें कर रहा है?

शरद : साधु महाराज हैं मम्मी, भोजन करेंगे।

शारदा : *(किचन से द्वार तक आती है और हाथ जोड़ महाराज को प्रणाम करती है)* प्रणाम महाराज!

साधु : जियो बेटी। खुश रहो।

शारदा : अंदर आ जाइए महाराज! खाना परोसे देती हूँ।

[घर में प्रवेश करता है। शारदा साफ़ जगह पर चटाई बिछा देती है। साधु पालथी मार कर बैठ जाता है।]

साधु : ओम! जय शिवशंकर! भोजन-दान सबसे बड़ा दान होता है बेटी। ऐसा तो शास्त्रों में लिखा है।

[शारदा पहले पानी का लोटा और गिलास लाकर महाराज के पास रख देती है फिर खाने का थाल लाती है। महाराज भोजन करना आरंभ कर देते हैं।]

शरद : आप कहाँ रहते हैं महाराज?

साधु : कहीं रहते नहीं हैं बेटे हम। रमते जोगी हैं, आज यहाँ तो कल वहाँ।

शरद : रहते तो कहीं होंगे ही महाराज, आप?

साधु : हाँ, कभी रहते थे, हिमालय की गुफाओं में। बीस वर्ष तपस्या करके निकले वहाँ से। फिर वन में एक निर्जन स्थान पर कुटिया बनाकर रहे। बस्ती का भ्रमण तो अभी कुछ ही दिन पहले हुआ, बेटे!

शरद : तो महाराज! हिमालय की गुफाओं और निर्जन स्थानों में रहकर भोजन कहाँ से किया आपने?

साधु : तपस्वी को भोजन की आवश्यकता नहीं होती है बेटे। तपस्वी में माया-जाल से ऊपर उठ जाता है । वह स्वाद और स्वार्थ को त्याग देता है।

शरद : तो महाराज, आप फिर से माया-जाल में फँसने के लिए सांसारिक जीवन में क्यों आ गए ?

शारदा : चुप शरद। साधु-महात्माओं से ऐसे बात नहीं किया करते।

साधु : नहीं बेटी, पूछने दो बालक को। जिज्ञासा शांत करनी चाहिए, इसकी। हाँ ! कौन-सी कक्षा में पढ़ते हो तुम ?

शरद : दसवीं में पढ़ता हूँ, महाराज !

साधु : कल्याण हो, कल्याण हो।

शरद : *(पुनः आश्चर्य व्यक्त करते हुए)* बीस-पच्चीस वर्ष तक भोजन-अन्न त्यागकर फिर भोजन लेने लगे महाराज आप !

साधु : जिस द्वार पर विशेष कृपा होती है साधु की उसी के द्वार पर जाता है, अन्यत्र नहीं।

शारदा : *(हाथ जोड़कर आभार व्यक्त करती है)* कृपादृष्टि है महाराज की।

साधु : पति कहाँ गया है देवी तेरा ?

शारदा : वह तो महाराज बाहर रहते हैं, दिल्ली। वहीं सर्विस करते हैं। कभी-कभी छुट्टी में आते हैं घर पर।

साधु : कल्याण हो, कल्याण हो।

[साधु भोजन समाप्त कर पानी पीता है। हाथ धोकर कल्ला करता है और जाने के लिए मुड़ जाता है।]

शारदा : फिर कभी दर्शन देना महाराज !

साधु : नहीं देवी ! मुझे लगता है, तुझ पर कोई बड़ा संकट आनेवाला है।

शारदा : पूरी बात बताकर जाओ, महाराज !

साधु : ला हाथ बढ़ा। देखें, रेखाएँ क्या कहती हैं तेरी ?

शारदा : *(साधु के सामने हाथ फैला देती है)* कैसा संकट आने वाला है महाराज।

साधु : *(हाथ की रेखाओं को ध्यानपूर्वक देखते हुए)* हमने ठीक कहा देवी, वह समय आ गया है अब।

शारदा : (डरती हुई) कौन-सा समय महाराज !

साधु : तेरी आयु अब चालीस वर्ष की है ना।

शारदा : चालीस वर्ष की, हाँ महाराज !

साधु : रेखाएँ साफ़ बता रही हैं कि इस आयु को पहुँचकर जितना भी धन, जेवर, पैसा आदि तेरे पास है, सब नष्ट हो जाएगा और तू धन के क्षोभ में आत्महत्या कर लेगी, देवी ।

शारदा : *(भय से काँपती हुई आवाज़ में)* इस संकट से निकलने का कोई उपाय बताइए, महाराज !

साधु : मनुष्य मूर्ख है । अधर्मी है । धर्म पर चलता नहीं है । जो बताएँ उसे मानता नहीं है । संकट पर संकट झेलता है पर सद्‌बुद्धि प्राप्त नहीं करता । तू उपाय पूछकर भी क्या करेगी देवी ?

शारदा : नहीं-नहीं महाराज, जैसा आप कहेंगे, वैसा ही करूँगी मैं ।

साधु : तो फिर यज्ञ का प्रबंध कर । यज्ञ होगा तेरे घर में ।

शारदा : ठीक है महाराज । बताएँ मुझे क्या करना होगा ?

साधु : सवा किलो देशी घी, चंदन तथा यज्ञ की अन्य सामग्री मँगा ।

शारदा : ठीक है महाराज । और तो कुछ नहीं ?

साधु : नहीं, और कुछ नहीं । विधि याद रखना देवी ।

शारदा : कौन-सी विधि महाराज ?

साधु : घर के सारे आभूषण, पैसा, बर्तन आदि यज्ञ-स्थल के दोनों ओर दाएँ-बाएँ रख देना । हम मंत्रों का उच्चारण करेंगे और पवित्र अग्नि को आहुति देंगे । जब हम अंतिम मंत्र बोलेंगे तो कहेंगे कि आँख मूँद कर सौ तक गिनती बोलो । तुम सौ तक गिनती बोलना । सौ फीसदी रक्षा होगी देवी तुम्हारे माल की भी, प्राण की भी ।

शारदा : यज्ञ कब करेंगे महाराज ?

साधु : कल प्रात: पाँच बजे ।

शारदा : *(विनती करती हुई)* आना ज़रूर महाराज !

साधु : अवश्य, अवश्य ! *बाहर चला जाता है ।*

दृश्य : दो

[शरद अपनी माँ शारदा से बात कर रहा है ।]

शरद : मुझे तो यह साधु कोई ठग दिखाई देता है, मम्मी ।

शारदा : ऐसी बातें नहीं किया करते बेटे बहुत पहुँचे हुए महात्मा लगते हैं यह ?

शरद : नहीं माँ, कोई धोखेबाज़ है। इसे कैसे पता लग। गया कि घर का सारा धन लुट जाएगा और तुम आत्महत्या कर लोगी।

शारदा : अरे पगले, साधु महात्मा तो चेहरा देखकर बता देते हैं सारा हाल।

शरद : पर माँ, मुझे तो विश्वास नहीं होता।

शारदा : तुझे विश्वास नहीं होता तो न हो। और महाराज धोखेबाज़ होते तो यज्ञ की बात कल पर क्यों टालते? अभी करने बैठ जाते यज्ञ।

शरद : पर मुझे तो सौ तक गिनती वाली बात पर शक होता है, मम्मी?

शारदा : बेटे, सौ तक गिनती का मतलब संकट से सौ प्रतिशत मुक्ति था उनका।

शरद : कहीं कुछ और अशुभ न हो जाए मम्मी।

शारदा : नहीं-नहीं, तू अभी बच्चा है। तू नहीं जानता।

दृश्य : तीन

[भोर का समय है। साधु महाराज यज्ञ की सामग्री लिए यज्ञ-स्थल पर बैठे हैं। दोनों ओर आभूषण और रुपए रखे हैं। साधु अग्नि में सामग्री डालता जाता है और मंत्रों का उच्चारण करता जाता है।]

शरद : *(चुपके से अपने घर से निकलते हुए तेज़-तेज़ क़दमों से द्वार पर)* अरे अहमद, ओ अहमद!

अहमद : *(घर से निकलता है)* हाँ शरद, क्या बात है दोस्त!

शरद : ज़रा मेरे साथ थाने तक चल।

अहमद : क्यों क्या हुआ? क्या चोरी हो गई रात?

शरद : रात तो चोरी नहीं हुई, लेकिन अब होने वाली है।

अहमद : कैसे?

शरद : यह मत पूछ! बस मेरे साथ चल।

[दोनों तेज़-तेज़ क़दमों से पुलिस स्टेशन की ओर चल पड़ते हैं।]

दृश्य : चार

[चार सिपाही और एक दरोगा घर के बाहरी द्वार के पास इधर-उधर छिप कर खड़े हो जाते हैं। घर से यज्ञ-सामग्री के धुएँ की सुगंध तथा मंत्रोच्चारण की आवाज़ आती रहती है। कुछ ही क्षण बाद साधु बोलता है।]

साधु : देवी, आँख मूँद कर सौ तक गिनती गिन !
शारदा : एक-दो-तीन गिनने लगती है।

[अभी वह दस तक ही पहुँची है कि साधु जेवर और पैसे समेटकर बाहर की तरफ़ भागता है। सिपाही उसे दबोच लेते हैं।]

दरोगा : *(शरद की कमर थपकते हुए)* शाबाश लड़के। तुम बहुत बुद्धिमान निकले, तुमने साधु के वेश में छिपे एक ठग को पकड़वाया। शाबाश !
शारदा : शरद समझदारी से काम न लेता तो मैं तो लुट गई थी दरोगा जी।

[दरोगा ठग को हथकड़ी पहनाकर चारों सिपाहियों-सहित चला जाता है।]

❑

मुख्य अतिथि

❑

पात्र-परिचय

हरिराज : *पंकज के पिता*
शोभना : *पंकज की माता*
पंकज : *एक समझदार बालक*
प्रमिला : *पंकज की बहिन*
सुक्खन : *विद्यालय के चपरासी व मुख्य अतिथि*

[मंच पर परिवार के कुछ लोग दिखाई देते हैं। पंकज की नौवीं वर्षगाँठ है। उसी की तैयारी के संबंध में बातचीत चल रही है। पंकज़ स्वयं भी उपस्थित है। पंकज के डैडी हरिराज अपनी पत्नी शोभना से पूछते हैं।]

हरिराज : क्यों शोभना, क्या मेहमानों की लिस्ट तैयार कर ली तुमने?

शोभना : हाँ जी, लिस्ट तो तैयार हो गई। बस इन्विटेशन कार्ड भिजवाने बाकी रह गए हैं।

हरिराज : कितने मेहमान हो जाएँगे कुल मिलाकर ?

शोभना : यही कोई डेढ़ सौ के क़रीब हो जाएँगे।

हरिराज : किस-किस को बुला रही हो इस बार ?

शोभना : ज़्यादातर तो पुरानी लिस्ट वाले नाम ही हैं, कुछ आपके दोस्त, कुछ मेरी सहेलियाँ, कुछ सगे-संबंधी, कुछ पंकज के साथी, दोस्त कुछ विद्यालय के टीचर ।

हरिराज : ज़रा लिस्ट देखूँ।

[शोभना लिस्ट लाकर पति को देती है। हरिराज लिस्ट पर एक नज़र डालते हैं और वापस शोभना को देते हैं।]

शोभना : नाश्ते में क्या करना है, इस बार ?

हरिराज : इसकी व्यवस्था मैंने कर दी है। होटल पैराडाइज़ वालों को ठेका दे दिया है। वही सब करेंगे। हमें तो बस आइटम बताने हैं।

शोभना : वही तो मैं भी कह रही हूँ , आइटम तो तय कर लेने चाहिए।

हरिराज : हाँ, बताओ क्या-क्या होना चाहिए, इस बार ?

पंकज : आइसक्रीम ज़रूर रखना पापा लिस्ट में।

हरिराज : *(हँसते हुए)* तुम तो पंकज बेटे, बस पूरे रसिया हो आइसक्रीम के। चलो और बताओ।

[शोभना काग़ज़-कलम लेकर खाने के सामान की लिस्ट बनाती है, तभी हरिराज की बड़ी बेटी प्रमिला चौंक कर बोल उठती है, जैसे उसे बहुत ही महत्त्वपूर्ण बात याद आ गई है।]

प्रमिला : सबसे जरूरी बात तो आप भूल ही गए , डैडी।

हरिराज : कौन-सी बात, बताओ ?

प्रमिला : वर्षगाँठ में मुख्य अतिथि के रूप में किसे बुलाएँगे, इस बार !

शोभना : इस बात पर तो अभी विचार ही नहीं किया हमने।

हरिराज : हाँ यह भी तय कर लें, ताकि इन्विटेशन कार्ड छपने को दिए जा सकें।

शोभना : *(कुछ सोचते हुए)* तुम अपनी फर्म के महाप्रबंधक श्री शुक्ला को

आमंत्रित कर लो अब के भी।

प्रमिला : नहीं मम्मी ! हर बार वही आ जाते हैं। बोर पर्सनेलिटी है उनकी। अबके वह नहीं।

शोभना : *(बेटी को समझाते हुए)* बात समझने की कोशिश करो बेटी, मिस्टर शुक्ला तुम्हारे डैडी से खुश होंगे तो उहें तरक्की मिलेगी। पर्सनेलिटी ख़राब होने से क्या होता है ? उनका बुलाना तो हमारे हित में है।

प्रमिला : उन्हें इनवाइट करने के और कई मौके आ सकते हैं, मम्मी। वर्षगाँठ पर उन्हें कष्ट न दें तो अच्छा रहेगा। अबके मुख्य अतिथि तो कोई और ही होना चाहिए।

हरिराज : चलो बेटी तुम्हारी बात मान लेते हैं। क्यों न इस बार डा० पी० एल० अग्रवाल को बुला लें !

शोभना : *(कुछ सोचते हुए)* हाँ, वह भी ठीक रहेंगे। पिछले दिनों जब पंकज बीमार हो गया था तो डा० अग्रवाल ही ने इलाज किया था उसका।

हरिराज : यों भी डा० अग्रवाल बाल रोग विशेषज्ञ हैं, पंकज की वर्षगाँठ में वही ठीक रहेंगे, क्यों पंकज ?

पंकज : *(कुछ सोचते हुए)* नहीं पापा, मुझे तो बहुत डर लगता है डा० अग्रवाल से। रोज-रोज इंजेक्शन देकर मेरा हाथ सुजा दिया था उन्होंने।

हरिराज : *(हँसकर)* पर वह इंजेक्शन न देते तो तुम ठीक कैसे होते, बेटे ?

पंकज : मैंने तो उनसे कहा था डैडी, गोली दें या कैप्सूल, पर वे माने कहाँ ?

शोभना : डाक्टर तो अपने रोगी का वही इलाज करता है जो वह ठीक समझता है बेटे ! रोगी के कहने से नहीं दी जाती है दवाई।

प्रमिला : अच्छा अगर तुम डा० अग्रवाल को नहीं चाहते तो मैं तुम्हें एक बढ़िया सुझाव देती हूँ।

पंकज : *(खुश होते हुए)* बताइए दीदी, जरा जल्दी।

प्रमिला : तुम्हारे विद्यालय के प्रिंसिपल बढ़िया रहेंगे इस अवसर के लिए।

पंकज : *(मुँह बनाते हुए)* बिल्कुल बेकार। वे आए तो मेरे मेरे स्कूल के मित्रों में से कोई भी नहीं आएगा यहाँ ?

हरिराज : क्यों, तुम्हारे साथी क्यों नहीं आएँगे, बेटे ?

पंकज : डैडी, वे तो बहुत ही क्रोधी आदमी हैं। उनकी तो परछाईं से बचते हैं बच्चे !

शोभना : *(सबके साथ हँसी में सम्मिलित होते हुए)* अच्छा पंकज, तुम बताओ। कौन व्यक्ति पसंद है तुम्हें ? तुम किसको मुख्य अतिथि बनाना चाहोगे ?

पंकज : *(कुछ देर सोचता रहता है। फिर बोल उठता है)* सुक्खन चाचा को ?

हरिराज : *(आश्चर्यचकित होकर)* कौन सुक्खन चाचा, बेटे !

प्रमिला : *(बीच में बोलते हुए)* चपरासी है डैडी इनके स्कूल का।

शोभना : हटो पंकज, बिल्कुल बेकार। कहीं चपरासी भी मुख्य अतिथि बनते होंगे किसी आयोजन में !

पंकज : क्यों नहीं होते मम्मी ?

हरिराज : तुम अभी बच्चे हो बेटे ! इन बातों को नहीं समझ सकते हो अभी।

पंकज : क्यों नही समझ सकता ? नौ वर्ष का हो गया हूँ डैडी। हर बात समझता हूँ। फर्स्ट आता हूँ हर बार।

शोभना : फर्स्ट आना और बात होती है बेटे। समाज की परंपराओं को समझना और बात है।

प्रमिला : इतने अच्छे-अच्छे लोगों के बीच फटे-हाल सुक्खन चाचा कैसे लगेंगे पंकज ! क्या तुम सोच सकते हो ?

पंकज : सोच क्यों नहीं सकता दीदी, सोच सकता हूँ ?

शोभना : तुम कुछ भी नहीं सोच पा रहे हो। सब लोग क्या कहेंगे ? मेहमान, पास-पड़ोस वाले।

हरिराज : अपना सामाजिक स्टैंडर्ड तो हर व्यक्ति को बनाए ही रखना पड़ता है, बेटे।

पंकज : स्टैंड़र्ड क्या होता है पापा, सुक्खन चाचा भी तो आदमी ही हैं, हम जैसे।

शोभना : आदमी-आदमी में भी तो अंतर होता है, पंकज !

पंकज : क्या अंतर होता है, मम्मी ?

शोभना : तुम अभी बच्चे हो, बहुत-सी बातें तुम्हारी समझ में नहीं आएँगी अभी।

पंकज : समझ में क्यों नहीं आएँगी मम्मी ? जिस तरह के आदमी हम सब हैं, वैसे ही सुक्खन चाचा भी हैं।

हरिराज : आदमी तो वह भी हैं पर।

पंकज : पर वह गरीब हैं ना, बस इसीलिए आप।

शोभना : बात ग़रीब की नहीं है, सुक्खन तो चपरासी है तुम्हारे स्कूल का।

पंकज : पर सुक्खन चाचा तो बहुत अच्छे आदमी हैं मम्मी। सभी बच्चों को बहुत प्यार करते हैं वे। हर समय बच्चों की सेवा में लगे रहते हैं बेचारे। मुझे तो बहुत चाहते हैं वे।

प्रमिला : तुम हम सबका मज़ाक बनवाओगे पंकज !

पंकज : मैं तो अब के सुक्खन चाचा को ही बुलाऊँगा दीदी, चाहे कुछ भी हो !

हरिराज : एक बार फिर अपनी बात पर गौर कर लो। मुख्य अतिथि तो किसी बड़े आदमी को ही बनाया जाता है। छोटे लोगों को नहीं।

पंकज : सुक्खन चाचा भी तो बड़े आदमी हैं, बूढ़े हो गए हैं, बाल सफेद हो गए हैं उनके। डा० अग्रवाल से भी बड़े हैं और डैडी के बॉस से भी।

शोभना : *(पति की ओर देखते हुए)* यह नहीं मानेगा राज ! ज़िद्दी बालक है, चलो जैसी इसकी खुशी है, वैसा ही करो।

हरिराज : सोसाइटी में हम सबकी हँसी उड़वानी है। चलो ऐसे ही सही। कार्ड पर सुक्खन का नाम छपवाए लेते हैं।

[वर्षगाँठ का समारोह चल रहा है। बहुत से मेहमान जमा हैं। हलका-हलका संगीत बज रहा है। सुक्खन चाचा खद्दर के साधारण कपड़े पहने हुए हैं। वे अन्य मेहमानों के बीच खड़े हैं। पंकज मोमबत्तियाँ बुझाकर केक काटता है तो चारों ओर से हैप्पी बर्थ डे टू यू की आवाज़ उठती है।]

हरिराज : *(कुर्सियों पर पंक्तिबद्ध बैठे हुए लोगों को संबोधित करते हुए)* भाइयो और बहनो, हम लोग इस वर्ष जब अपने इकलौते बेटे पंकज की नौंवी वर्षगाँठ मनाने पर विचार कर रहे थे, तो यह सवाल सामने आया कि इस बार मुख्य अतिथि किसे बनाया जाए ! पंकज बेटे का सुझाव था कि सुक्खन चाचा को मुख्य अतिथि

देखना, एक दिन यह बहुत बड़ा आदमी बनेगा।

बनाया जाए। और यह एक तरह से ठीक रहा। क्योंकि आप सब लोग जानते हैं कि अगर सुक्खन चाचा जैसे लोग न हों तो चाहे वह विद्यालय हो या कार्यालय, किसी का भी काम नहीं चल सकता। जीवन की मशीन चलाने के लिए सुक्खन चाचा जैसे लोगों की हमेशा आवश्यकता रहेगी। मुझे खुशी है कि वह हम लोगों के निमंत्रण पर यहाँ आए हैं। मैं उनका आभारी हूँ और उनसे प्रार्थना करता हूँ कि वह मंच पर आएँ और पंकज को आशीर्वाद दें।

सुक्खन : *(अपनी कुर्सी से उठकर मंच पर आते हैं। उसके चेहरे पर घबराहट है और माथे पर पसीना चमक रहा है)* आदरणीय हरिराज जी और उपस्थित भाइयो, बहनो। मैं कोई भाषण तो नहीं कर पाऊँगा यहाँ। पंकज बेटे और उसके माता-पिता ने जो आदर, जो सम्मान मुझे दिया है, उसे मैं जीवन-भर नहीं भुला सकता। आप जानते हैं, मैं विद्यालय का एक मामूली-सा चपरासी हूँ, लेकिन विद्यालय में पढ़ने वाले विद्यार्थी मुझे अपने ही बच्चों के समान लगते हैं। बच्चे भी मेरे प्रति लगाव रखते हैं। पंकज बेटे ने मुझे अपनी खुशी में याद रखा है, यह बहुत बड़ा आदमी बनेगा। इतना बड़ा आदमी जिस पर मैं ही नहीं, पूरा समाज गर्व करेगा।

[कुछ क्षण रुकता है फिर बोलता है।]

मुझे लगता है छोटे लोगों से प्रेम किए बग़ैर कोई भी आदमी बड़ा नहीं बन सकता और पंकज इतनी छोटी उम्र में यह बात समझ गया है। वह जान गया है कि साधारण लोग ही बड़ों के लिए आगे बढ़ने का रास्ता बनाते हैं। उसने यह रास्ता ढूँढना आरंभ कर दिया है। मैं रहूँ या न रहूँ, आप देखेंगे कि एक दिन पंकज मुझ जैसे छोटे आदमियों का प्यार पाकर हिमालय जैसा ऊँचा बन जाएगा। मुझे इसका पूरा विश्वास है।

[शब्द सुक्खन चाचा का साथ नहीं देते हैं और उनकी आँखों से खुशी के आँसू फूट पड़ते हैं। मंच तालियों की गड़गड़ाहट से गूँज उठता है।]

❑

दो जोड़ी कपड़े

❑

पात्र-परिचय

मिग

डा० ब्राउन

पहरेदार

क़ैदी

दुकानदार

समय—1942 , स्थान—सिंगापुर

[पर्दा उठता है तो मंच पर रोगियों से घिरा एक डाक्टर दिखाई देता है। वह बारी-बारी एक-एक मरीज़ को देखता है। पर्चे पर दवाई लिखता है और पर्चा दवा देने के लिए अपने कंपाउंडर की ओर बढ़ा देता है। डिस्पेंसरी के सामने मोटे अक्षरों में लिखा बोर्ड टँगा है— डा० सिसिल ब्राउन ! मरीज़ों के बीच से रास्ता बनाते हुए उनका घरेलू नौकर मिग

मेज़ तक पहुँचता है।]

मिग : सर ! मैंने आपके कपड़े धोकर प्रेस कर दिए हैं। कुछ और काम हो तो आदेश करें साहब !

डा० ब्राउन : अब तुम घर जाओ मिग, दोनों कुत्तों को खाना दो, खरगोश को नहलाकर सामने लॉन में छोड़ दो और खुद भी नहा-धोकर तैयार हो जाओ। मैं भी क्लीनिक का समय समाप्त होने पर घर आता हूँ।

मिग : बहुत अच्छा सर।

[मिग जाता दिखाई देता है।]

दृश्य परिवर्तन

[दृश्य में अब एक छोटा लेकिन खूबसूरत-सा बँगला है। डा० सिसिल ब्राउन डायनिंग टेबिल पर खाना खाने में व्यस्त हैं। मिग बराबर में सेवा के लिए तैयार खड़ा है।]

डा० ब्राउन : तुम्हें तो इन दिनों बहुत डर लगता होगा मिग? विश्वयुद्ध की आग निरंतर फैलती जा रही है। कई बार जापानी सिंगापुर पर बमबारी भी कर चुके हैं।

मिग : डरने से क्या होता है सर। सेवक तो आपके साथ है। जो आप पर बीतेगी, वही मुझ पर बीतेगी। फिर डर काहे का?

डा० ब्राउन : *(छुरी से ब्रैड काटते हुए)* क्या युद्ध के ऐसे माहौल में तुम्हें अपना घर याद नहीं आता है मिग? तुम चाहो तो मुझे छोड़कर अपने देश चीन जा सकते हो, अब सिंगापुर का कोई भरोसा नहीं। यहाँ कभी भी तबाही मच सकती है।

मिग : मैं चीन नहीं जाऊँगा मालिक ! आप ही की सेवा में रहूँगा।

डा० ब्राउन : यहाँ जापानियों के हमले में मारे गए तो क्या होगा?

मिग : कोई बात नहीं सर ! मैं आपको अकेला छोड़कर नहीं जा सकता।

डा० ब्राउन : अरे मिग ! देखो, मैं अकेला कहाँ हूँ? ये दो कुत्ते हैं। खरगोशों का सुंदर जोड़ा है। फिर कितने सारे रोगी आते रहते हैं मेरे पास !

मिग : क्या कोई और नहीं है मालिक आपके परिवार में ?

डा० ब्राउन : नहीं मिग ? जब मैं इंग्लैंड से सिंगापुर के लिए चला था तो परिवार में कई और लोग थे, अब कोई नहीं है।

मिग : *(आश्चर्य से)* कहाँ चले गए मालिक वे सब लोग ?

डा० ब्राउन : पता नहीं कहाँ होंगे अब वे ? और यह भी कौन जाने कि वे होंगे भी या नहीं होंगे ? जीवन में कुछ को हम भुला देते हैं, कुछ हमें भुला देते हैं मिग ! बेकार की चीज़ों को कोई भी पास नहीं रखता है। *(डा० ठंडी साँस खींचता है)*

मिग : पर मैं तो आपको नहीं भुला सकता मालिक ! चाहे मैं यहाँ से चला भी जाऊँ।

डा० ब्राउन : तुम्हारे परिवार में कौन-कौन लोग हैं मिग ?

मिग : माता-पिता हैं। दो छोटी बहनें और दो भाई हैं, मुझसे छोटे।

डा० ब्राउन : वे सब तो तुम्हें याद आते होंगे मिग ?

मिग : याद तो आते हैं मालिक ! पर मैं कर ही क्या सकता हूँ ? कभी मौका मिला और आपकी आज्ञा हुई तो मिल आऊँगा दो-चार दिन के लिए।

डा० ब्राउन : *(खाना समाप्त करते हुए)* कपड़ों पर प्रेस तो तुमने कर ही दी है। शाम को क्लीनिक पर जाते समय ज़रूरत पड़ेगी उनकी।

मिग : हाँ ! मालिक।

डा० ब्राउन : अब तुम बाज़ार से चाय का एक टिन ले आओ। शाम की चाय के लिए घर में एक पत्ती भी नहीं है।

[मिग बाहर जाता दिखाई देता है। डा० सिसिल ब्राउन आराम कुर्सी पर पाँव फैलाकर लेट जाता है। तभी आकाश में गड़गड़ाहट की आवाज़ सुनाई देती है और धमाके शुरू हो जाते हैं।]

डा० ब्राउन : *(ऊँची आवाज़ में अपने आपसे)* जापानी सेनाओं ने हमला बोल दिया है, सिंगापुर पर। भारी विनाश मचेगा अब ! न जाने कितने लोग मारे जाएँगे, कितने घायल हो जाएँगे ? मिग बेचारा जाने इस समय कहाँ होगा ? हे प्रभु, उसकी मदद कर।

[धरती पर क्रास का निशान बनाता है। धमाकों और गड़गड़ाहट की आवाज़ तेज़ हो जाती है। डा० ब्राउन की नज़रें द्वार पर लगी हैं। तभी भागता हुआ मिग भीतर प्रवेश करता है। वह अपना एक हाथ दूसरे हाथ में थामे हुए है।]

डा० ब्राउन : क्यों मिग, क्या हुआ? क्या चोट लग गई है तुम्हें?

मिग : *(डरती-काँपती आवाज़ में)* हाँ, मालिक! जब मैं लौट रहा था, तभी मेन मार्केट में बम फटा, उसके कुछ टुकड़े मेरे बाएँ हाथ में लगे। बम की धमक से चाय का टिन भी कहीं दूर जा गिरा, मालिक।

डा० ब्राउन : कोई बात नहीं मिग, प्रभु की कृपा से तुम बच गए। यह अच्छा हुआ। आओ। तुम्हारी पट्टी कर दूँ।

[डा० ब्राउन मिग के हाथ का घाव धोकर पट्टी करता है।]

डा० ब्राउन : हमले की पूर्व चेतावनी नहीं दी जाती यह बहुत बुरी बात है। नागरिक ठिकानों पर बमबारी वैसे ही पाप है, फिर बिना चेतावनी के।

मिग : सर! बाज़ार में कोई बता रहा था कि जापानी फौजें राजधानी के पास पहुँच गई हैं। एक-दो दिन में ही सिंगापुर फतह हो जाएगा।

डा० ब्राउन : हाँ, यह बात सच है मिग! तुम अगले कुछ दिन के लिए ज़रूरी चीज़ें लाकर रख लेना। दो जोड़ी कपड़े धुलवाकर प्रेस करा लेना उन पर। कोई नहीं कह सकता, आगे क्या हो?

मिग : बहुत अच्छा मालिक! पर यह काम मुझे कल ही कर लेना चाहिए। शायद कल तक जापानी हमला नहीं करेंगे।

दृश्य परिवर्तन

[मिग दो जोड़ी कपड़े बग़ल में दबाए बाज़ार में दिखाई देता है। तभी रेडियो से घोषणा होती है।]

घोषणा : सिंगापुर पर जापानी सेनाओं का पूर्ण नियंत्रण हो चुका है। जनता शांतिपूर्वक अपने-अपने ठिकानों पर रहे। कोई बाहर निकलने की

ये दो जोड़ी कपड़े हैं, जनाब !

कोशिश न करे। बहुत-से अँग्रेज अधिकारी गिरफ़्तार कर लिए गए हैं। गिरफ़्तारी का सिलसिला अभी जारी है।

[मिग भीड़ की तरफ़ भागते हुए दिखाई देता है। सामने से जापानी फौज की टुकड़ी सड़क से परेड करती हुई गुज़रती है। एक सैनिक बढ़कर मिग को थाम लेता है।]

सिपाही : क्यों रे, कहाँ जा रहा है? और यह बगल में क्या दबा रखा है तूने?

मिग : सर, ये कपड़े हैं मेरे मालिक के।

सिपाही : कौन है तेरा मालिक? कहाँ रहता है वह?

मिग : मेरे मालिक का नाम सिसिल ब्राउन है जी, उन्हीं के कपड़े धुलने के लिए ले जा रहा था।

सिपाही : चल, अपने मालिक का मकान बता हमें।

मिग : वे तो बहुत सज्जन आदमी हैं, करनल साहब!

सिपाही : अरे बकवास बंद कर, चल जल्दी! *(सिपाही मिग को ज़ोर से ठोकर मारता है।)*

[चार सिपाही मिग को खींचते हुए डा० ब्राउन के घर की ओर जाते दिखाई देते हैं। घर में कुत्तों की ज़ंजीर थामे डा० ब्राउन परेशान बैठे हैं। सिपाहियों ने मिग और ब्राउन दोनों को हिरासत में ले लिया है।]

दृश्य परिवर्तन

[मिग जेल में बंद है। तभी एक पहरेदार आता है।]

पहरेदार : *(मिग को अपने पास बुलाते हुए)* अरे ओ छोकरे। हरदम यह पोटली-सी क्या दबाए रखता है तू बग़ल में?

मिग : यह दो जोड़ी कपड़े हैं जनाब !

पहरेदार : किसके कपड़े हैं, क्या तेरे?

मिग : नहीं जनाब मेरे नहीं। मेरे मालिक, डा० ब्राउन के।

पहरेदार : इन्हें हर समय अपनी छाती से क्यों लगाए रखता है तू?

मिग : *(सहज स्वर में)* जब मैं गिरफ्तार हुआ था कप्तान साहब, तब मैं मालिक के ये दो जोड़ी कपड़े धुलवाने के लिए ले जा रहा था। मुझे दुख है कि मैं अपना कर्तव्य पूरा नहीं कर सका और पकड़ा गया।

पहरेदार : अब कपड़ों के लिए अपनी जान देगा क्या?

मिग : हाँ, कप्तान साहब ! ये मेरे लिए मालिक के कपड़े हैं। कभी जेल से छूटा तो उन्हें धुलवाकर, प्रेस करने के बाद उन्हें सौंप दूँगा, ताकि अपना फर्ज़ पूरा कर सकूँ।

पहरेदार : अरे उस डाक्टर को तो ये कपड़े याद भी नहीं होंगे अब !

मिग : उन्हें याद न हों। मुझे तो हैं।

पहरेदार : वह डा० सिसिल ब्राउन तो खुद भी चाँगी जेल में बंद है ना।

मिग : हाँ, कप्तान साहब !

पहरेदार : पर वह जेल में काफ़ी लोकप्रिय हो गया है। सारे दिन रोगियों की सेवा में लगा रहता है। कोई अच्छा भला-मानस अँग्रेज दिखाई देता है ब्राउन !

मिग : बहुत शरीफ़ आदमी है, कप्तान साहब वह !

पहरेदार : शरीफ़ आदमी है तो तुझसे अपने कपड़े माँगेगा तो नहीं।

मिग : माँगने का सवाल नहीं है जनाब। बात तो कर्तव्यपालन की है। ये कपड़े मुझे धोने के लिए मिले थे। मुझे अपना काम पूरा करके इन्हें अपने मालिक को वापस करना है।

पहरेदार : अजीब लड़का दिखाई देता है तू।

[पहरेदार चला जाता है और कुछ देर बाद एक और घोषणा होती है।]

घोषणा : अँग्रेज सेना ने जापानियों को खदेड़ भगाया सिंगापुर से। सिंगापुर मुक्त हो गया है। सभी पकड़े गए क़ैदी बिना शर्त रिहा कर दिए जाएँगे। जापानी फौज के अधिकारी सरकारी सेना की हिरासत में हैं।

मिग : *(अपने साथी क़ैदी से)* कितनी जल्दी युद्ध का पासा पलट गया है भाई। मैं तो समझता था कि अब जीवन-भर शायद ही यहाँ से

मुक्ति मिले।

क़ैदी : समय का कुछ पता नहीं, कब किस तरफ़ करवट बदल जाए!

मिग : पर हम लोगों की रिहाई कब होगी?

क़ैदी : शायद एक-दो दिन में नंबर आ जाए।

दृश्य परिवर्तन

[जेल का फाटक खुला है। जेल का अधीक्षक एक-एक क़ैदी को उसकी लिखी हुई पहचान से मिलाते हुए बाहर निकलने की आज्ञा देता है। मिग जेल से बाहर आते ही दो जोड़ी कपड़ों का थैला लिए तेज़-तेज़ क़दमों से भागता है और एक लांड्री के सामने खड़ा दिखाई देता है।]

मिग : शाम तक इन कपड़ों को धोकर प्रेस कर देना भाई। अर्जेन्ट काम है।

दुकानदार : ठीक है। डा० ब्राउन के कपड़े हैं ना! कल तो वह भी जेल से छूटकर आ गए हैं मिग।

मिग : क्या साहब तुम्हें मिले थे?

दुकानदार : कल मैंने देखा था उन्हें, इधर से जाते हुए।

मिग : अच्छा मैं यहाँ बैठ जाता हूँ। तुम कपड़े धोकर सुखाकर प्रेस कर दो फटाफट।

दुकानदार : तू इतनी देर तक बैठा यहाँ क्या करेगा मिग, दोपहर बाद आ जाना, कपड़े तैयार मिलेंगे।

मिग : नहीं बाबा नहीं, मैं नहीं जाऊँगा। युद्ध का कोई भरोसा नहीं, कल क्या हो जाए? जापानी फिर चढ़ाई कर सकते हैं। मैं साहब के कपड़े ऐसे नहीं छोड़ूँगा।

[मिग दुकान के सामने स्लेब पर बैठ जाता है। दुकानदार कपड़े प्रेस करके एक पैकेट में डालकर उसे देता है जिसे लेकर मिग घर की ओर बढ़ता है।]

मिग : गुड इवनिंग, मालिक।

डा० ब्राउन : गुड इवनिंग, तुझे भी रिहा कर दिया गया मिग?

मिग : हाँ मालिक *(कपड़ों का पैकेट डा० की ओर बढ़ाते हुए)* यह लीजिए साहब ! अपनी अमानत !

डा० ब्रांउन : *(आश्चर्य से)* ये कपड़े तूने अब तक सँभालकर रख छोड़े थे ! जेल में भी तेरे साथ रहे !

मिग : मालिक ! यह कपड़ों का नहीं, मेरे कर्तव्य का सवाल था। मैंने उसी का पालन किया।

डा० ब्राउन : *(भावविभोर होकर)* तुम आज से मेरे नौकर नहीं मेरे बेटे के समान हो। घर का काम तुम नहीं करोगे, कल से स्कूल जाओगे। तुम जैसे कर्तव्यनिष्ठ बालकों के हाथ में ही है इस दुनिया का भविष्य।

[एक सत्य कथा पर आधारित]

❑

आदमी और भगवान

❑

पात्र-परिचय

प्रशांत

अहमद

प्रमोद

सुरजीत

मित्र

शिक्षक : *संस्कृत शिक्षक*

रामादेवी : *प्रशांत की माँ*

जीतेंद्र : *प्रशांत के पिता*

साधु : *योगी साधक*

[मंच पर कक्षा का दृश्य उभरता है। बैंचों पर पंक्तियों में अनेक बच्चे शांत मुद्रा में ध्यानमग्न बैठे हैं। सामने श्यामपट है। उस पर कुछ लिखा नहीं है। अध्यापक नैतिक शिक्षा का घंटा ले रहा है। उसके माथे पर चंदन का टीका लगा है।

आँखों पर मोटे फ्रेम का चश्मा है। सफ़ेद लंबी दाढ़ी है। गले में मोटे-मोटे मनकों वाली माला पड़ी है। तभी घंटी बोलती है और छुट्टी हो जाती है। छुट्टी के उपरांत प्रशांत, अहमद, प्रमोद और सुरजीत खेल के मैदान में खड़े हैं। प्रशांत अपने तीनों साथियों को संबोधित करता है।]

प्रशांत : मेरा तो अब मन नहीं लगता, न खेल में, न पढ़ाई में, न घर में, न बाहर।

अहमद : क्यों, क्या हो गया है तुम्हें?

प्रशांत : गुरु जी ने कहा था न कि भगवान का नाम लो, भगवान को प्रसन्न रखो, तो हर काम पूरा हो जाता है।

प्रमोद : हाँ, कहा तो था। लेकिन इस बात से किसी काम में मन न लगने का क्या संबंध है?

प्रशांत : मैं सोचता हूँ, आदमी इतना कड़ा परिश्रम करता है, पढ़ाई में, नौकरी में, आजीविका कमाने में, घर-गृहस्थी चलाने में और फिर भी दु:खी रहता है। क्यों न भगवान का नाम लें, उसे प्रसन्न रखें। सब काम सिद्ध हो जाएँगे उससे।

सुरजीत : बिना काम किए कुछ नहीं होता है, प्रशांत?

प्रशांत : ईश्वर का नाम जपना भी तो एक काम ही है।

प्रमोद : हाँ, यह ठीक कहता है। इसका मतलब है— राम नाम जपना, पराया माल अपना।

[प्रमोद की बात पर तीनों मित्र ठहाका लगाते हैं, लेकिन प्रशांत पहले की तरह गंभीर बना रहता है। अहमद उसका कंधा हिलाकर पूछता है।]

अहमद : क्यों रे प्रशांत, क्या सोच रहा है! राम नाम जपकर पराया माल हड़पने की सोच रहा है क्या?

प्रशांत : यार! तुम लोग ठिठोली मत करो इस समय। इसमें कुछ झूठ नहीं है कि आदमी सारा जीवन झूठ और पाप में गँवा देता है। ईश्वर को याद रखें तो ——

सुरजीत : *(बात काटकर)* तो क्या बचपन में ही संन्यास लेना चाहता है?

प्रमोद : संन्यास नहीं लेगा तो क्या करेगा? इसे तो पट्टी ही ऐसी पढ़ा दी है, गुरु जी ने।

प्रशांत : नहीं अकेले गुरु जी ने नहीं।

अहमद : तो और किस-किसने?

[प्रशांत हरी-हरी घास पर बैठ जाता है। बाकी तीनों साथी भी उसके आस-पास बैठ जाते हैं।]

सुरजीत : हाँ, तो बोल प्रशांत, क्या इरादा है तेरा?

प्रशांत : इरादा तो फिलहाल कुछ नहीं, लेकिन मेरा दिमाग़ उलझ गया है!

अहमद : किस विचार में उलझ गया है तू, यह तो बता।

प्रशांत : गुरु जी कहते हैं, भगवान का नाम लो। भगवान खुश हों तो सारे काम बन जाएँगे। दादी माँ मुझे एक संन्यासी की कहानी सुनाती थी।

प्रमोद : कौन-सी कहानी?

प्रशांत : वृंदावन में हज़ारों वर्ष पहले एक संन्यासी रहा करता था, आश्रम बनाकर।

अहमद : हज़ारों वर्ष पहले तेरी दादी माँ कहाँ होगी, यार?

[अहमद की बात पर सारे दोस्त ठहाका मार कर हँस पड़ते हैं।]

प्रशांत : उल्लू! दादी माँ नहीं थीं, तो और लोग तो थे, जिन्होंने उस संन्यासी की कथा लिखी होगी।

सुरजीत : हाँ, तो क्या हुआ था उस संन्यासी को?

प्रशांत : हुआ कुछ नहीं। उसने घोर तपस्या की। इतनी घोर तपस्या कि सारे देवता उससे प्रसन्न हो गए। असीम शक्ति प्राप्त हो गई उसे।

अहमद : उस शक्ति से क्या काम लेता था वह!

प्रशांत : सब काम, जो कुछ वह चाहता था हो जाता था। लोहे को छू देता था तो वह सोना बन जाता था।

सुरजीत : असंभव है, बिल्कुल असंभव। लोहा किसी के छूने से सोना कैसे

तुम कभी सीरियस नहीं होते।

बन सकता है रे ?

प्रशांत : दादी माँ बताती थी कि तपस्या से उस संन्यासी को ऐसी शक्ति प्राप्त हो गई थी कि राक्षसों में जो सबसे बड़ा राक्षस था, वह भी उसके कब्ज़े में आ गया था।

प्रमोद : राक्षस से क्या काम लेता था वह ?

प्रशांत : दादी माँ बताती थी कि संन्यासी जब भी आँखें मूँदकर मन ही मन आदेश करता तो राक्षस हाथ जोड़कर उसके सामने आकर खड़ा हो जाता था।

अहमद : तेरे सामने राक्षस आ जाए प्रशांत, तो डर के मारे दम ही निकल जाएगा, तेरा तो।

[चारों साथी हँस पड़ते हैं।]

प्रशांत : राक्षस हाथ जोड़कर संन्यासी के सामने आता तो उसे जिस चीज़ की आवश्यकता होती, संन्यासी उसे आदेश देता। पलक झपकते ही चीज़ आ जाती आश्रम में।

प्रमोद : वे चीजें राक्षस कहाँ से ले आता था ?

अहमद : चोरी करके लाता होगा यार। उसके घर में तो बन नहीं रही होंगी सारी चीज़ें।

प्रशांत : अहमद, तुम कभी सीरियस नहीं होते, हर समय हँसी के मूड में रहते हो।

सुरजीत : इसे राक्षस की बात पर विश्वास नहीं हो रहा है, प्रशांत।

प्रमोद : इसके धर्म में राक्षस नहीं होते होंगे शायद ।

अहमद : होते क्यों नहीं, जिन्न होते हैं, जिन्न ! जो काम राक्षस करते हैं, वही जिन्न करते हैं प्रमोद !

सुरजीत : तो क्या सिर्फ नाम का ही अंतर है और कुछ नहीं।

अहमद : अल्लाह वाले लोग जिन्नों को भी ऐसे ही अपने कब्ज़े में कर लेते हैं, जैसे उस संन्यासी ने राक्षस को अपने कब्ज़े में ले लिया था।

प्रशांत : क्या जिन्न भी जो माँगें वही सब ला देते हैं ?

अहमद : हाँ प्रशांत, ऐसा ही सुना है मैंने।

प्रमोद : पर भगवान को खुश करने के लिए बहुत साधना करनी पड़ती

होगी यार!

प्रशांत : जीवन-भर पापड़ बेलने से तो कुछ वर्षों की तपस्या ही आसान है। भगवान खुश होगा तो मनुष्य को असीम शक्ति प्राप्त होगी और जब असीम शक्ति प्राप्त हो जाएगी तो—

अहमद : तो तू यह असीम शक्ति प्राप्त करने के लिए कब जा रहा है?

सुरजीत : वह साधु नहीं होगा तो उसका आश्रम तो होगा ही कहीं?

प्रमोद : *(प्रशांत से)* चला जा यार। असीम शक्ति प्राप्त हो जाए तो यार लोगों को भी याद रखना प्यारे। भूल मत जाना।

[चारों मित्र अपने-अपने घरों के लिए चले जाते हैं। दृश्य बदलता है तो एक घर में प्रशांत की माँ और उसके छोटे भाई-बहिन एक साथ बैठे हुए दिखाई देते हैं।]

प्रशांत : भगवान को कैसे खुश किया जा सकता है, माँ?

रमादेवी : भगवान का नाम लो, उसे प्यार करो तो वह खुश होगा।

प्रशांत : दादी माँ तो कहती थी, वन में जाकर तपस्या करनी पड़ती है भगवान को खुश करने के लिए।

रमादेवी : हाँ बेटा, लोगों के बीच में रहने से बाधा पड़ती है। मनुष्य मन लगाकर याद नहीं कर पाता भगवान् को। इसलिए साधु-संत एकांतवास में चले जाते हैं।

प्रशांत : मैं भी जाऊँगा माँ, मैं भी भगवान् को खुश करूँगा। तब तुम देखना कैसी असीम शक्ति मिल जाएगी मुझे। राक्षस भी मेरे कब्जे में होंगे और देवता भी।

रमादेवी : हट परे, कैसी ऊट-पटाँग बातें किया करता है हर समय।

[माँ बच्चों को छोड़कर उठ जाती है। इतने में ही मुख्य द्वार से एक व्यक्ति भीतर प्रवेश करता है। वह प्रशांत का पिता है।]

रमादेवी : आज फिर इतनी देर हो गई!

जीतेंद्र : आज दफ़्तर में ही बहुत देर हो गई। साहब ने मीटिंग बुला ली, उसमें फँसना पड़ा।

रमादेवी : तुम्हारे दफ़्तर में तो कोई न कोई झंझट लगा ही रहता है। समय पर तो कभी आते ही नहीं।

जीतेंद्र : इस पर भी बॉस संतुष्ट नहीं होता, खुश नहीं रहता मुझसे।

रमादेवी : बॉस तो आज तक किसी से खुश नहीं हुआ, इसीलिए तुम्हारा लाडला कहता है कि भगवान को खुश करूँगा तो सारे दुःख दूर हो जाएँगे। सब खुश रहा करेंगे मुझसे।

जीतेंद्र : कौन-सा लाडला?

रमादेवी : यही प्रशांत !

जीतेंद्र : *(व्यंग्य करते हुए)* पिता को आज तक खुश कर नहीं सका, भगवान को क्या खुश करेगा यह !

[दृश्य बदलता है, सारे बच्चे बस्ता लिए स्कूल जाते दिखाई देते हैं। प्रशांत घर से निकलता है, पर स्कूल नहीं जाता है। वह गंगा के किनारे बने एक आश्रम में बैठा दिखाई देता है। सामने एक साधु आसन लगाए बैठा है।]

साधु : *(आँखें खोलकर, प्रशांत की ओर देखते हुए)* कहाँ से आ रहे हो बालक?

प्रशांत : शहर से?

साधु : क्यों? किस काम से आए हो यहाँ?

प्रशांत : मैं यहाँ एकांत में बैठकर राम-नाम जपूँगा। भगवान खुश होंगे तो मेरे सारे कष्ट दूर हो जाएँगे ना?

साधु : केवल नाम जपने से भगवान खुश नहीं होते, बालक।

प्रशांत : होते क्यों नहीं? होते हैं, महाराज।

साधु : अच्छा ! होते हैं ! फिर तो आदमी को भी इस विधि से खुश होना चाहिए, होना चाहिए ना।

प्रशांत : क्या मतलब बाबा जी !

साधु : मतलब यह बालक ! तुम पहले घर जाकर बार-बार अपने पिता जी को नमस्ते करो, पिता जी नमस्ते, पिता जी नमस्ते। वह खुश हो जाएँगे तो इस विधि से भगवान भी खुश होंगे। पिता खुश नहीं हैं तो परमपिता भी खुश नहीं होता, समझे?

प्रशांत : समझा महाराज।

[प्रशांत घर वापस आ जाता है और आते-जाते, उठते-बैठते पापा जी नमस्ते की रट लगाने लगता है। जब लगातार यही सब चलता रहता है तो प्रशांत के पिता क्रोधित हो उठते हैं।]

जीतेंद्र : क्यों रे ! क्या नमस्ते-नमस्ते की रट लगा रखी है तूने, क्या पागल तो नहीं हो गया है तू ! अब समय-असमय नमस्ते की तो मारमार कर हड्डियाँ तोड़ दूँगा तेरी !

[दृश्य फिर बदलता है। प्रशांत फिर उसी आश्रम में साधु महाराज के सामने बैठा है। वह दुःखी भी है और उदास भी।]

साधु : क्यों बालक ! पिता तुम्हारे नमस्कार से प्रसन्न हुए या नहीं ?

प्रशांत : नहीं महाराज ! वह तो और क्रोधित हो गए। इस तरह तो वे हड्डियाँ तोड़ देते मेरी।

साधु : हाँ बालक, तुम ठीक कहते हो। अब तुम्हें यह बात समझ लेनी चाहिए कि पिता हो या परमपिता, केवल नाम जपने से कोई खुश नहीं होता। अच्छे कर्मों से खुश होता है भगवान भी और आदमी भी। भगवान का नाम लेकर अच्छे काम करो, पाप से बचो, यही सबसे बड़ी साधना है। बेकार बैठने से न संसार मिलता है और न भगवान। समझे बालक !

[प्रशांत स्वीकृति में सिर हिलाता है और वापस चला जाता है।]

❑

तीन भिखारी

❑

पात्र-परिचय

गुल्लू, शानू, बबलू : *बाल भिखारी*
व्यक्ति : *धनी एवं विद्वान व्यक्ति*
चौकीदार : *धनी व्यक्ति के भवन पर नियुक्त पहरेदार*

[पर्दा उठता है तो एक नगर का दृश्य सामने आता है। सड़क पर लोग आ-जा रहे हैं। सड़क के दोनों ओर मकानों की पंक्तियाँ हैं एक मकान के सामने तीन बच्चे उदास मुद्रा में खड़े हैं। दोपहर ढल गई है। दिन के लगभग तीन बजे हैं। तीनों बात कर रहे हैं।]

गुल्लू : बहुत भूख लगी है शानू यार ! क्या करें ?

शानू : भूख तो मुझे भी लगी है। पर खाना मिलेगा कहाँ ?

गुल्लू : अब तक तो ऐसा कभी नहीं हुआ। कुछ न कुछ तो मिल ही जाता था ?

शानू : हाँ ! यह पहला मनहूस दिन है। आज तो कहीं से कुछ नहीं मिला।

गुल्लू : ऐसा लगता है कि सारे शहर ने भीख न देने का फैसला कर लिया है।

शानू : लगता तो यही है।

गुल्लू : यार ! यह जो हमारा बबलू है ना, इसने शुरू से ही सगुन खराब कर रखा है। *(बबलू की ओर संकेत करते हुए)* यह न तो कुछ बोलता है, न हँसता है, न खेलता है। मिट्टी का माधो बना घूम रहा है। लोग अब भीख भी चलते-पुर्जे भिखारियों को देते हैं, गुमसुम घूमने वालों को नहीं।

शानू : तुम ठीक कहते हो।

[तभी बबलू दोनों हाथों से अपना पेट थाम कर सड़क के किनारे बैठ जाता है। उसके चेहरे पर पीड़ा का भाव है।]

गुल्लू : क्या हुआ है तुझे, बबलू राजा ?

बबलू : बहुत तेज दर्द हो रहा है पेट में *(हाय-हाय करके बबलू चिल्लाता है। कई यात्री उसकी ओर देखते हैं और आगे बढ़ जाते हैं।)*

शानू : *(घबराकर)* लो मरे पर एक लाठी और ! खाने के लिए पहले ही से पैसे नहीं थे, अब इसकी दवाई के लिए रुपये कहाँ से आएँगे ?

गुल्लू : नहीं यार, तू समझ नहीं रहा है। यह पेट-भरे का दर्द नहीं है, भूखे पेट का दर्द है। कुछ खाने को मिल जाएगा तो ठीक हो जाएगा यह ?

शानू : पर आज तो कुछ मिल ही नहीं रहा है ?

गुल्लू : *(बबलू को संबोधित करते हुए)* क्यों रे बबलू ? कब से खाना नहीं मिला है तुझे ? बहुत भूख लगी है ना।

बबलू : दो दिन से रोटी नहीं खाई है मैंने ?

गुल्लू : क्यों, दो दिन से क्यों ?

बबलू : *(कराहते हुए)* दो दिन तक मैं तेज बुखार में पड़ा रहा। कहीं जा नहीं सका। आज ही घर से निकला हूँ।

शानू : सोच तो मैं भी रहा था कि दो दिन से यह सौ मूर्खों का मूर्ख बबलू कहाँ गायब हो गया ?

बबलू : बीमार था।

गुल्लू : पर अब तेरी बीमारी का इलाज कैसे हो रे?

[कुछ देर तीनों चुप रहते हैं। फिर सड़क के किनारे फुटपाथ पर एक-दूसरे से सटकर बैठ जाते हैं। बबलू फिर पेट पकड़कर चिल्लाता है।]

शानू : गुल्लू भाई! इसके लिए खाने का जुगाड़ करो कुछ?

गुल्लू : क्या करें? तुम ही बताओ कोई तरकीब?

शानू : मेरे पास कल का बचा पचास पैसे का एक सिक्का है।

गुल्लू : लेकिन पगले, पचास पैसे में खाना नहीं न मिल पाएगा।

शानू : कुछ चने-वने लेकर खिलाए देते हैं इसे। पेट को कुछ सहारा मिलेगा, तो थोड़ा दर्द दूर हो जाएगा इसका।

गुल्लू : ठीक है, ऐसा ही करो।

[शानू सड़क के किनारे भुने चने बेचने वाले एक व्यक्ति की ओर बढ़ता है और काग़ज़ की छोटी थैली में चने लेकर वापस आता है।]

शानू : ले बबलू, चने खाकर पानी पी ले।

गुल्लू : मैं तेरे लिए पानी लाता हूँ। इतने तू चने खा।

[गुल्लू पानी लेने के लिए चला जाता है।]

बबलू : *(चने खाते हुए)* शानू भैया, इतने मजे का भोजन तो मैंने आज तक किया ही नहीं, जितना यह है।

शानू : मजे का तो होना ही है भैया जी! वह जो कहा है किसी ने कि भूख में तो गूलर भी पकवान होते हैं।

बबलू : *(जल्दी-जल्दी चने गले से नीचे उतारते हुए)* ले थोड़े-से तू भी खा के देख शानू।

शानू : नहीं यार। ये हैं ही कितने। नंगा क्या नहाएगा, क्या निचोड़ेगा? तेरा ही काम चल जाए तो ठीक है।

[गुल्लू एलम्यूनियम के प्याले में पानी लेकर आता है।]

गुल्लू : क्यों रे बबलू। कुछ दर्द कम हुआ तेरे पेट का?

बबलू : थोड़े चने तुम भी खाओ गुल्लू भैया।

गुल्लू : अरे नहीं। तू अपना काम चला पहले।

शानू : *(थैली में से थोड़े चने निकालते हुए)* लो गुल्लू भाई, खाओ।

गुल्लू : *(हथेली से चनों की फंकी लगाता है)* भुने तो अच्छे हैं यार!

बबलू : *(थोड़े-से चने शानू को देता है)* कुछ न कुछ तो तू भी खा ले यार! खाना तो मिलबाँट के ही ख़ाना चाहिए।

शानू : (चने मुँह में डालता है) ले, बबलू पानी पी *(ज़मीन पर रखा पानी का गिलास बबलू की ओर बढ़ाता है)* चलो, अब कहीं और चलकर अपना भाग्य आजमाते हैं।

[तीनों भिखारी मित्र साथ-साथ चल देते हैं। गली से गुज़र कर सामने वाले दरवाज़े पर हाँक लगाते हैं।]

गुल्लू : *(पूरी शक्ति से आवाज़ लगाता है।)* जय शंकर भगवान की! जिसे दे दाता, उसे दे अन्नदाता। माई कुछ भिक्षा।

[दरवाज़े पर दस्तक देता है। एक बूढ़ी महिला दरवाज़ा खोलकर बाहर झाँकती है।]

महिला : क्या है रे?

शानू : (आगे बढ़कर) माई, भगवान तेरा भला करे, कुछ भीख दे।

महिला : *(गुस्से में)* न जाने कहाँ-कहाँ से आ जाते हैं ठलुवे कहाँ के। अभी तो दो गए हैं भीख लेकर, तीन फिर आ गए।

गुल्लू : पर माई दया कर, हम भूखे हैं।

महिला : *(चिल्लाकर)* भीख माँगते शर्म नहीं आती। सारे दिन हाथ फैलाते हो। काम क्यों नहीं करते कुछ?

शानू : काम मिलता ही कहाँ है माई?

महिला : *(चिढ़कर)* काम तो अपने पैरों चलकर खुद आ जाएगा तुमसे मिलने! अरे पागलो, काम मिलता नहीं है तो ढूँढो।

बबलू : कहाँ ढूँढें ? तुम्हीं बताओ माई।

महिला : *(क्रोध से)* अपने सिर में। जैसे द्वारे-द्वारे जाकर दानदाताओं को ढूँढते हो, वैसे ही क्या काम नही ढूँढ सकते ?

शानू : तुम्हीं कोई काम बताओ माता जी !

महिला : *(पहले से भी अधिक चिढ़कर)* वाह रे वाह ! जो कहे, वही तेल को जाए। यह अच्छी रही, सैकड़ों काम हैं दुनिया में। आदमी चाहे तो क्या नहीं कर सकता ?

[महिला झुँझलाकर दरवाज़ा बंद कर लेती है।]

गुल्लू : यह दाँव भी खाली गया यार ! अब कहाँ जाएँ ?

बबलू : मुझे लगता है, रोज-रोज के भिखारियों को यहाँ के लोग पहचान गए हैं। इसीलिए भीख देने में आनाकानी करते हैं। अब हमें किसी और जगह चलना चाहिए।

गुल्लू : तुम ठीक कहते हो शानू। पर जेब में फूटी कौड़ी भी नहीं है। किसी और बस्ती में कैसे जाएँगे ?

बबलू : दिन-भर चौखट-चौखट घूमने में जितना समय लगता है, उससे कम समय लगेगा किसी दूसरी जगह जाने में।

शानू : तुम ठीक कहते हो, शानू। चलो यहाँ से। बहुत ही कंजूस लोगों की बस्ती है यह तो।

बबलू : चलो, अब यहाँ से चलें।

दृश्य : परिवर्तन

[गुल्लू, शानू, बबलू एक अन्य नगर के आलीशान मुहल्ले में जा रहे हैं।]

गुल्लू : *(अपने दोनों साथियों को चलते-चलते रोकते हुए)* पहली कोशिश उस घर पर करनी चाहिए जहाँ से खाली हाथ न लौटना पड़े।

बबलू : हाँ तुम ठीक कहते हो। सगुन खराब हो गए तो रात-भर भूखा रहना पड़ेगा। शाम तो अब भी हो गई है।

शानू : हाँ, पहले किसी दयालु व्यक्ति की खोज करनी चाहिए।

गुल्लू : *(कुछ सोचते हुए)* मैंने सुना था यार ! इस शहर में एक बहुत बड़ा

इतने मालदार होकर भी तुम भीख माँगते हो !

विद्वान् रहता है, वह धनवान भी है। विशेष बात यह है कि वह अपने घर से किसी को खाली हाथ नहीं जाने देता।

शानू : चलो वहीं चलते हैं।

बबलू : कौन है वह? कहाँ रहता है?

गुल्लू : चलो, तुम दोनों मेरे साथ आओ। पता कर लेते हैं।

[दोनों गुल्लू के पीछे-पीछे चल देते हैं। चलते-चलते एक बड़े-से मकान के मुख्य द्वार पर पहुँचते हैं। दरवाज़े पर लगी प्लेट पर उसका नाम लिखा है। द्वार के बीचों-बीच अधेड़ उम्र का एक व्यक्ति खड़ा है। देखने में चौकीदार-सा लगता है।]

चौकीदार : क्यों रे? कौन हो तुम लोग?

शानू : साहब से मिलना चाहते हैं! भूखे हैं। परदेशी हैं। इस शहर में कहीं ठिकाना नहीं है हमारा।

चौकीदार : काम बोलो। काम क्या है, साहब से?

गुल्लू : उन्हीं से बताएँगे चौकीदार जी, आप उन तक हमें जाने दें।

चौकीदार : *(रोब जमाते हुए)* नहीं, ऐसे नहीं जा सकते। पहले तुम लोग काम बताओ।

शानू : *(गिड़गिड़ाकर)* भगवान तुम्हारा भला करे भाई। तुम साहब से मिलने दो हमें।

[चौकीदार उनमें से एक को भीतर जाने की आज्ञा देता है। सामने लॉन में एक व्यक्ति बैठा है। वह लिखने में व्यस्त है। मेज़ पर किताबें रखी हैं।]

गुल्लू : *(हाथ जोड़कर नमस्ते करते हुए)* भगवान आपका भला करें, महाराज!

व्यक्ति : *(सिर ऊपर उठाते हुए)* कौन हो तुम भाई, कहाँ से आए हो? क्या चाहते हो?

गुल्लू : हम तीन भिखारी हैं महाराज! दो बाहर खड़े हैं, अपनी बारी की प्रतीक्षा में। भूखे हैं। भगवान के नाम पर कुछ भिक्षा दो। सुना

है कि आपके द्वार से कोई खाली नहीं जाता।

व्यक्ति : *(हँसते हुए)* आश्चर्य है कि इतने मालदार होकर भी तुम लोग भीख माँग रहे हो ! लाखों की संपत्ति है तुम्हारे पास, फिर भी तुम भूखे हो ?

गुल्लू : नहीं साहब ! आपको धोखा हुआ है। हमारे पास तो कुछ भी नहीं है। न घर है, न पैसा है। हम लोग तो नंगे-भूखे हैं। एकदम खाली हाथ।

व्यक्ति : नहीं, तुम झूठ बोलते हो। तुम्हारे पास तो इतना धन है कि तुम उसे ख़र्च करना चाहो तो ख़र्च भी नहीं कर सकते।

गुल्लू : आपको धोखा हो रहा है साहब ! वह हम लोग नहीं, जिसे आप समझ रहे हैं।

व्यक्ति : धोखा नहीं हुआ है। मुझे ठीक तरह मालूम है, तुम बहुत धनवान लोग हो !

गुल्लू : वह कैसे ?

व्यक्ति : तुम्हारे पास तो इतनी कीमती चीज़ें हैं कि उन्हें बेचकर ऐश कर सकते हो।

गुल्लू : कौन-सी वस्तुएँ, साहब जी !

व्यक्ति : मैं तुम्हें दस हज़ार रुपये देता हूँ, तुम अपना दायाँ हाथ काटकर मुझे दे दो।

गुल्लू : *(घबराकर)* नहीं सरकार, यह कैसे हो सकता है ? हाथ न रहेगा तो मैं खाना कैसे खाऊँगा ?

व्यक्ति : अच्छा दायाँ नहीं, तो बायाँ हाथ दे दो। मैं इसके भी दस हज़ार रुपये तुम्हे दूँगा।

गुल्लू : नहीं सरकार, नहीं। हाथ नहीं बेचूँगा मैं।

व्यक्ति : हाथ नहीं बेचते तो चलो पाँव बेच दो। मैं बीस हज़ार रुपये इन पैरों के दूँगा।

गुल्लू : नहीं जनाब, नहीं। मैं लँगड़ा होकर चलूँगा कैसे ? एक स्थान से दूसरे स्थान पर कैसे पहुँचूँगा। मुझे यह स्वीकार नहीं है।

व्यक्ति : अच्छा, मैं तुम्हें पच्चीस हज़ार रुपये दूँगा, तुम अपने दोनों कान मुझे बेच दो।

गुल्लू : नहीं यह भी नहीं हो सकता महाराज ! इस तरह तो मैं बहरा हो

जाऊँगा। सुनूँगा कैसे? मै ऐसा नहीं कर सकता।

व्यक्ति : अगर कान भी नहीं बेच सकते तो अपनी दोनों आँखें बेच दो, इनके दो लाख रुपये तुम्हें दूँगा मैं।

गूल्लू : नहीं, सरकार नहीं। अंधा बनने की शर्त पर दो लाख नहीं लेने हैं मुझे?

व्यक्ति : *(ठहाका लगाकर)* अब तुम एक पल को सोचो। जिस आदमी का एक-एक अंग लाखों रुपये मूल्य का हो, तब भी वह अपने को निर्धन कहे, भिखारी बनकर घूगे? यह अजीब नहीं लगता तुम्हें?

[गुल्लू ने सुना तो सिर झुकाकर बाहर निकल आया।]

शानू : क्या मिला, बता गुल्लू?

गुल्लू : इतना मिल गया है भाई, जितना अब तक कहीं से नहीं मिला था। आओ, मेरे साथ तुम भी आओ और बबलू भी, इन हाथों से, पैरों से और आँखों से काम लेंगे। आओ—आओ— ।

❑

कंगारू

❑

पात्र-परिचय

अध्यापक
पारसनाथ
नईम
मलखान
कई अन्य छात्र

[मंच पर एक विद्यालय के क्लास का दृश्य उभरता है। अध्यापक क्लास ले रहा है। विद्यार्थी अपनी-अपनी बैंचों पर पंक्तिबद्ध बैठे हैं। क्लास में पूर्ण अनुशासन है। क्लास के द्वार पर साँवले रंग का एक किशोर दिखाई देता है। उसकी आयु 14-15 वर्ष के बीच है। देखने में किसी गाँव से आया हुआ लगता है।]

छात्र : मे आई कम इन, सर ?

अध्यापक : यस !

छात्र : *(हाथ में कुछ काग़ज़ लिए द्वार के अंदर आता है)* सर, यह मेरा प्रवेश-पत्र है। मुझे इस क्लास में दाख़िला मिल गया है।

अध्यापक : *(काग़ज़ लेकर ध्यान से देखते हुए)* हाँ तो। क्या नाम है तुम्हारा ?

[अध्यापक हाज़िरी का रजिस्टर खोलता है।]

छात्र : सर, मेरा नाम पारसनाथ है।

अध्यापक : *(रजिस्टर में नाम लिखता है)* तुम्हारे हाथ-पाँव बड़े विचित्र हैं पारसनाथ। हाथ छोटे, पाँव उनके अनुपात से काफ़ी लंबे। क्या तुम जन्म से ही ऐसे हो, या किसी रोग के कारण ऐसा हुआ ?

पारसनाथ : जन्म से ही मेरे हाथ-पाँव ऐसे ही हैं, सर ?

अध्यापक : क्या तुम विकलांग श्रेणी में आते हो ?

पारसनाथ : नहीं सर ! न मैं आता हूँ और न विकलांगों को मिलने वाली सुविधाओं को लेना चाहता हूँ।

अध्यापक : क्यों ?

पारसनाथ : मैं मेहनत से जीविका कमाने में विश्वास रखता हूँ, सर !

अध्यापक : शाबाश ! अच्छा तो किस गाँव के रहने वाले हो पारसनाथ तुम ?

पारसनाथ : यहीं, करीब का एक गाँव है सर, माधोपुरा। मैं वहीं का रहने वाला हूँ।

अध्यापक : क्या तुम्हारे घर पर खेती होती है ?

पारसनाथ : जी सर, पर बहुत थोड़ी ज़मीन है हम लोगों के पास, केवल डेढ़ एकड़।

अध्यापक : अच्छा जाओ, बीच की ख़ाली सीट पर बैठ जाओ।

[पारसनाथ जाता है और अध्यापक द्वारा बताई गई सीट पर जाकर बैठ जाता है। घंटा बजता है। अध्यापक के क्लास से बाहर जाते ही हंगामा शुरू हो जाता है। छात्रों के ग्रुप में छिपा हुआ एक छात्र नारा लगाता है—कंगारू। इस नारे पर सारा क्लास ठहाके से गूँज उठता है। फिर तो चारों ओर से कंगारू-कंगारू की आवाज़ें आने लगती हैं। तभी अगला

पीरिएड शुरू हो जाता है और क्लास में दूसरा अध्यापक प्रवेश करता है।]

अध्यापक : क्यों रे लड़को, यह क्या कंगारू-कंगारू का शोर मचा रखा है तुम लोगों ने ?

[क्लास एकदम शांत हो जाती है।]

अध्यापक : नईम तुम बोलो, यह कंगारू-कंगारू की रट क्यों लगा रखी थी तुम लोगों ने ?

नईम : चिड़ियाघर में देखा था सर, हम लोगों ने कंगारू।

अध्यापक : कब देखा था ?

नईम : बहुत दिन हो गए, सर।

अध्यापक : लेकिन अब उसकी याद में क्यों शोर मचा रहे हो तुम लोग ?

[पिछली सीट से एक बार फिर नारा लगता है—कंगारू और सारा क्लास कहकहों से भर जाता है। पारसनाथ इस सबके बाबजूद शांत बैठा रहता है।]

अध्यापक : अरे कौन बेवकूफ़ है यह ?

[छात्रों में से कोई उत्तर नहीं आता। अध्यापक मलखान को आवाज़ देकर अपने पास बुलाता है। मलखान अध्यापक के पास खड़ा है।]

अध्यापक : *(मलखान का कान ऐंठते हुए)* तुमने कहा था कंगारू ?

मलखान : जी सर ?

अध्यापक : किसे कहा था ?

मलखान : आज हमारे क्लास में एक कंगारू ने प्रवेश किया है, सर !

अध्यापक : कंगारू ने ? मैं समझा नहीं तुम्हारी बात।

पारसनाथ : *(अध्यापक के पास आते हुए)* मेरा नाम पारसनाथ है सर। आज ही प्रवेश लिया है मैंने इस क्लास में।

अध्यापक : इससे पहले कहाँ पढ़ते थे ?

पारसनाथ : गाँव के स्कूल में सर।

[क्लास की पिछली सीट से फिर कंगारू-कंगारू की आवाज़ उठंनी शुरू हो जाती है।]

अध्यापक : *(डाँटते हुए)* शोर बंद करो। किसी के शारीरिक दोषों पर हँसना बहुत बुरी बात होती है बच्चो। हँसना हो तो अपनी त्रुटियों पर हँसो, दूसरों की नहीं।

पारसनाथ : *(हाथ उठाकर अपनी सीट पर खड़ा होते हुए)* मुझे अपने सहपाठियों से कोई शिकायत नहीं है सर! मेरे हाथ छोटे, पाँव लंबे हैं, इससे बेहतर नाम और कोई हो ही नहीं सकता था मेरे लिए।

अध्यापक : शाबाश पारसनाथ! कटुता का मुकाबला इसी भावना से करना चाहिए आदमी को। *(अध्यापक फिर दूसरे छात्रों को संबोधित करता है)* देखा तुमने, क्या जवाब दिया है पारसनाथ ने! तुम लोगों को डूब मरना चाहिए चुल्लू-भर पानी में। तुम्हारे चिढ़ाने से जब वह चिढ़ता नहीं है, तो किसलिए शोर मचाते हो तुम बार-बार!

पारसनाथ : *(पुनः सीट पर खड़ा होते हुए)* चिढ़ने की तो कोई बात ही नहीं है सर। मैं तो सराहना करता हूँ इन मित्रों के विवेक की, जिन्होंने मुझे यह नाम दिया है। कल्पनाशील व्यक्ति ही ऐसा सोच सकते हैं, मूर्ख नहीं।

अध्यापक : *(छात्रों से)* अच्छा लड़को! आगे से कोई भी पारसनाथ को कंगारू नहीं कहेगा। क्योंकि उस अकेले ने तुम सबको पछाड़ दिया है, अपनी सहनशीलता से।

दृश्य : परिवर्तन

[कुछ छात्र विद्यालय के प्रांगण में आपस में बातचीत कर रहे हैं।]

एक छात्र : यार यह पारसनाथ भी अजीब आदमी है। पूरा साल समाप्त होने को आया, न किसी से इसने दोस्ती की, न कोई ग्रुप बनाया। बस अपने काम से काम।

दूसरा छात्र : लेकिन यार, यह तो मानना ही पड़ेगा कि लड़का है मेहनती।

तीसरा छात्र : मेहनती तो है वह। जब तक विद्यालय में रहेगा, कापी-पुस्तक के सिवा किसी ओर से वास्ता नहीं रखेगा। छुट्टी होते ही सीधा गाँव की सड़क पकड़ लेता है।

चौथा छात्र : कैसे जाता है गाँव ? साइकिल से ?

तीसरा छात्र : नहीं ! पैदल।

पहला छात्र : *(आश्चर्य से)* अरे, इतनी दूर से यह पैदल आता-जाता है। पाँच मील तो होगा ही माधोपुर।

दूसरा छात्र : पाँच मील आना, पाँच मील जाना और फिर पढ़ाई भी।

तीसरा छात्र : अरे यार, गाँव का बंदा है, देशी घी खाता होगा, दूध पीता होगा डटकर।

दूसरा छात्र : नहीं, मुझे पता है यार, बहुत ग़रीब घर का लड़का है वह। उसने पहले दिन ही खुद बता दिया था कि डेढ़ एकड़ ज़मीन है उसके पास।

पहला छात्र : आओ, चलो देखें उसे। कहाँ है ?

[चारों छात्र पार्क की तरफ़ बढ़ जाते हैं। वहीं एक कोने में हरी-हरी घास पर पारसनाथ उन्हें बैठा हुआ दिखाई देता है। वह अपने कोर्स की किताब पढ़ने में लीन है।]

एक छात्र : किताबों को तुम इस तरह छाती से लगाये रहते हो, जैसे कंगारू अपने बच्चे को।

[चारों छात्र एक साथ हँसते हैं।]

पारसनाथ : *(शांतिपूर्ण स्वर में)* वार्षिक परीक्षाएँ सिर पर हैं। तैयारी नहीं करूँगा तो फेल हो जाऊँगा।

दूसरा छात्र : सारे वर्ष पढ़कर भी तुम तैयारी नहीं कर सके हो, कंगारू जी !

पारसनाथ : नियमित काम, नियमित अध्ययन, यही सिखाया गया है मुझे बचपन में।

पहला छात्र : कंगारू तो खेलते भी हैं जंगल में। बच्चों को छाती से हटाकर।

पारसनाथ : खेलता मैं भी हूँ दोस्तो, पर निश्चित समय पर।

दूसरा छात्र : देखो भाई, आज से परीक्षा की तैयारी हो रही है। अब हम सब अगले सत्र में एक-दूसरे से मिलेंगे। तुम हमें विदाई पार्टी दो आज।

पारसनाथ : आज नहीं, रिजल्ट आने पर।

छात्र : रिजल्ट आने पर क्यों? तुम फेल हो गए तो हम वैसे ही तुमसे मिठाई नहीं मागेंगे।

पारसनाथ : देखा जाएगा।

दृश्य परिवर्तन

[स्थान-स्थान पर छात्रों के समूह खड़े हुए अख़बार में हाईस्कूल का रिजल्ट देख रहे हैं। मलखान चौंककर अपने साथी नईम से कहता है।]

मलखान : अरे नईम, देखा तुमने, यह कंगारू तो पास हो गया।

नईम : पास ही नहीं हुआ, पूरे प्रदेश में सर्वाधिक अंक लाकर प्रथम श्रेणी प्राप्त की है उसने।

मलखान : हाँ, गाँव का लड़का और सबसे बाज़ी ले गया।

नईम : लेकिन वह है कहाँ?

मलखान : वह तो आया ही नहीं? रिजल्ट देखने गाँव से आता तो कहीं तो दिखाई देता।

नईम : चलो, उसके गाँव चलते हैं। हो सकता है बीमार पड़ा हो बेचारा। उसे खुश-खबरी तो सुना ही दें। यह तो गर्व की बात है हमारे लिए बल्कि पूर प्रदेश के लिए।

[दोनों छात्र गाँव को जाते दिखाई देते हैं। तभी पारसनाथ गाँव से आता हुआ दिखाई देता है। सब पारसनाथ को घेर लेते हैं।]

नईम : अरे पारस! प्रदेशभंर में प्रथम आए हो तुम। लेकिन तुम रिजल्ट देखने भी नहीं आए!

क्या तुम आज भी खेत पर काम कर रहे थे !

पारस : रिजल्ट तो पहले ही मालूम था मुझे। दोस्तो, मेरे आने से वह बदल तो जाता नहीं। तब मैं खेत का ज़रूरी काम क्यों छोड़ देता उसके लिए?

नईम : क्या मतलब ! तुम आज भी खेत पर काम कर रहे थे!

पारस : हाँ। खेत की नराई-गुड़ाई कर रहा था।

मलखान : क्या तुम पढ़ाई और खेती दोनों काम एक साथ करते हो, पारस?

पारस : इसमें बुराई क्या है दोस्त? आदमी में साहस और विवेक हो तो वह एक साथ कई काम कर सकता है।

नईम : पारस, हमें विश्वास है तुम एक दिन बहुत बड़े आदमी बनोगे।

काम को सलाम

❑

पात्र-परिचय

रामगोपाल शास्त्री : सेठ मोहनलाल मनचंदा के मित्र
सेठ मोहनलाल मनचंदा : नगर सेठ
युवती, अरजा मनचंदा : सेठ मोहनलाल की पुत्री
उषा मनचंदा : सेठ मोहनलाल की पत्नी
राजेंद्र : अरजा का ससुर
अलका : राजेंद्र की पत्नी, अरजा की सास
संजीव : युवक, नलकूप विभाग में इंजीनियर, अरजा का पति
कुछ महिलाएँ

दृश्य : एक

[एक भव्य भवन का दृश्य उभरता है। यह नगर के एक प्रमुख धनवान व्यक्ति का आवास है। लॉन में कुछ बच्चे खेल रहे हैं। तभी एक बूढ़ा व्यक्ति, प्रवेश करता है। उसके माथे पर

लंबा-सा टीका लगा है। कुर्ता-धोती पहने हुए है। हाथ में बैंत लिए है। वह बोर्ड पर लगे स्विच पर हाथ रख देता है। संगीत जैसी धुन में घंटी बजते ही एक सुंदर युवती बाहर आती है।]

व्यक्ति : सेठ मोहनदास मनचंदा हैं, बेटी !

युवती : हाँ हैं जी। *(आगंतुक को आदरपूर्वक ड्राइंग रूम में बैठाती है)*

व्यक्ति : उनसे कहना, रामगोपाल शास्त्री आए हैं।

युवती : कहाँ से आए हैं, महाराज आप ?

शास्त्री : कोई एक ठौर-ठिकाना नहीं है बेटी हमारा, अभी यहाँ, अभी वहाँ। आज इस शहर में तो कल उस शहर में।

युवती : तो क्या कहकर आपका परिचय दूँ, पापा जी को ?

शास्त्री : नाम सुनते ही समझ जाएँगे बेटी वह !

[युवती भीतर जाती है और कुछ क्षण बाद एक ट्रे में पानी का गिलास लिए हुए वापस आती है और अत्यंत सुसभ्य ढंग से गिलास अतिथि के सामने मेज़ पर रख देती है।]

युवती : आप भोजन लेंगे ?

शास्त्री : नहीं। पहले तुम्हारे पापा से मिलेंगे। *(घड़ी देखता है)* अरे ढाई बज रहे हैं। क्या कर रहे हैं बेटी, मनचंदा जी ?

[भीतर से किसी के आने की आहट होती है। मनचंदा धीमे क़दमों से ड्राइंग रूम में प्रवेश करते हैं। शास्त्री मनचंदा को प्रसन्नतापूर्वक प्रणाम करते हैं और दोनों एक-दूसरे से गले मिलते हैं।]

मनचंदा : *(शास्त्री को प्रेमपूर्वक सोफ़े पर बैठाते हुए)* अचानक कहाँ से भटक आए, शास्त्री ?

शास्त्री : तुम्हारे शहर में आया था। सोचा, तुमसे मिले बग़ैर जाना उचित न होगा मेरे लिए। और यहाँ आ गया।

मनचंदा : और बताओ कैसे रहे इस बीच ?

शास्त्री : भगवान की दया समझो। सब ठीक-ठाक, कुशल-मंगल है। अपनी सुनाओ। कारोबार कैसा चल रहा है इन दिनों ?

मनचंदा : वैसे तो सब ठीक है मित्रवर। इस वर्ष जो नया खाँडसारी प्लांट लगाया था, वह काफी घाटे में गया। यों तो शेष छः इकाइयों के चलते इस घाटे का कोई महत्व नहीं है फिर भी कोई इकाई घाटा आख़िर क्यों दे ?

शास्त्री : तो सात खाँडसारी प्लांट चल रहे हैं इन दिनों ?

मनचंदा : *(विनम्रतापूर्वक)* भगवान की कृपा और आपके आशीर्वाद से।

[मनचंदा घंटी बजाता है। कुछ ही देर बाद वही युवती फिर बाहर आती है।]

युवती : कहिए पापा जी !

मनचंदा : भोला खाना खाकर आ गया होगा। उससे बोलो, शास्त्री जी के लिए चाय-नाश्ता लेकर आए।

युवती : जी अच्छा ?

मनचंदा : और सुनो, यह शास्त्री जी हमारे बहुत पुराने मित्र हैं। ज्योतिष-विद्या में निपुण हैं। जिसे जो बता दिया, कभी ग़लत नहीं हुआ। तुम भी इनका आशीर्वाद लो और चरण छुओ।

[युवती झुककर शास्त्री जी के चरण छूती है।]

शास्त्री : *(सिर पर हाथ रखते हुए)* युग-युग जियो, फलो, फूलो। क्या नाम है बेटी तुम्हारा ?

युवती : अरजा मनचंदा !

शास्त्री : वाह, अति सुंदर ! बहुत ही सुंदर नाम है तुम्हारा तो।

[अरजा मनचंदा शर्माती हुई भीतर चली जाती है, मोहनदास मनचंदा आपस में बतियाते रहते हैं।]

शास्त्री : बहुत ही सुंदर, बहुत ही प्यारी बेटी है अरजा ! जिस आँगन में जाएगी, चंद्रमा का प्रकाश फैल जाएगा वहाँ।

मनचंदा : लेकिन शास्त्री, इसका भविष्य देखकर यह तो बताओ कि विवाह का मुहूर्त कब है ?

शास्त्री : *(आश्चर्य से)* इतनी सुंदर कन्या का विवाह नहीं हो पा रहा है

तुमसे, आश्चर्य की बात है।

मनचंदा : कई जगह वर देखने गया। देखे भी। कितने ही लोग देखने आए अरजा को, लेकिन बात नहीं बनी।

[नौकर मेज़ पर चाय और नाश्ता लाकर सजा देता है और मालिक का इशारा पाकर फिर बाहर चला जाता है।]

शास्त्री : भगवान से ऐसा अद्‌भुत सौंदर्य पाकर भी हाथ पीले नहीं हो रहे हैं बेटी के, बात क्या है मनचंदा?

मनचंदा : समय का फेर है शास्त्री। पसंद तो अरजा को सब करते हैं पर कोई परिवार हाथ थामने को तैयार नहीं होता।

शास्त्री : क्यों? ऐसा क्यों है मनचंदा जी?

मनचंदा : असल बात यह है शास्त्री जी, जो भी अरजा को देखने आता है, मैं उसको बता देता हूँ कि अरजा से कभी कोई काम नहीं लिया गया है, सिखाया ही नहीं गया कोई काम करना उसे। भगवान का दिया घर में सब कुछ है, नौकर-चाकर हैं, ऐसी आवश्यकता ही नहीं पड़ी, जो अरजा को खुद कोई काम करना पड़ता।

शास्त्री : तो केवल सौंदर्य के नाम पर ब्याहने चले हो बेटी को मनचंदा। यह व्यावहारिक नहीं है दुनिया में।

मनचंदा : व्यावहारिक क्यों नहीं है शास्त्री जी! मैं मुँह-माँगा धन देने को तैयार हूँ, पर शर्त यही है कि अरजा से ससुराल में कोई काम नहीं लिया जाएगा।

[इसी बीच मिसेज़ उषा मनचंदा आती हैं और शास्त्री जी को प्रणाम करके बैठ जाती हैं। मनचंदा अपनी बात जारी रखता है।]

मनचंदा : अरजा हमारी इकलौती बेटी है। हमने तो कभी धूप की आँच भी नहीं लगने दी है घर में।

उषा : *(बातचीत का प्रसंग समझते हुए)* अरजा जन्म से ही इतनी कोमल है कि छूते ही रंग मैला होता है उसका।

शास्त्री : नहीं-नहीं बहन जी। यह आपने ठीक नहीं किया है, अरजा के

साथ। आपको उसे घर-गृहस्थी का काम सिखाना चाहिए था और उसे भी सारे काम करने चाहिए थे। केवल रूप-लावण्य पर तो जीवन की गाड़ी नहीं चलती है, बहन जी।

उषा : शास्त्री जी, इसके लिए आपको कोई अच्छा और उपयुक्त घराना मिले तो बताएँ।

[बातचीत के साथ-साथ नाश्ते का कार्यक्रम भी समाप्त हो जाता है और शास्त्री उठकर जाने लगते हैं।]

दृश्य : दो

[तीन अजनबी, जिनमें एक युवक, एक अधेड़ उम्र का व्यक्ति और एक पचास वर्षीय महिला शामिल है, मनचंदा की कोठी के सामने दिखाई देते हैं। अधेड़ उम्र का व्यक्ति कॉलबेल पर उँगली रखता है। मनचंदा बाहर आते हैं और अतिथियों को आदरपूर्वक ड्राइंग रूम में बैठाते हैं।]

मनचंदा : कहिए कहाँ से आना हुआ आप लोगों का?

व्यक्ति : हम पड़ोस के ज़िले अनूपशहर से आए हैं।

मनचंदा : शुभनाम आपका?

व्यक्ति : *(परिचय देते हुए)* राजेंद्रकुमार, यह मेरी पत्नी अलका और यह मेरा बेटा संजीव। नलकूप विभाग में इंजीनियर है।

मनचंदा : *(हाथ जोड़कर प्रणाम करता हुआ)* अच्छा-अच्छा, बड़ी प्रसन्नता हुई आप लोगों से मिलकर।

[मनचंदा घंटी बजाता है, नौकर आता है।]

मनचंदा : *(नौकर से)* मेहमानों के लिए जलपान की व्यवस्था करो, जल्दी।

[नौकर चला जाता है।]

मनचंदा : *(मेहमानों को संबोधित करता हुआ)* बताइए बंधुवर, कैसे कष्ट किया इस समय?

राजेंद्र : *(एक चिट्ठी आगे बढ़ाते हुए)* लड़की देखने आए हैं, शास्त्री जी के बताने पर?

मनचंदा : *(शास्त्री का पत्र पढ़ते हुए)* शास्त्री जी तो अपने ही परिवार के एक सदस्य हैं राजेंद्र भाई, जैसा उनका आदेश होगा। हमें स्वीकार है।

[नौकर चाय-नाश्ता लेकर आता है। मनचंदा नौकर से अरजा को भेजने के लिए कहते हैं। कुछ क्षण बाद सजी-सँवरी अरजा ड्राइंग रूम में प्रवेश करती है और झुककर सभी को प्रणाम करती है।]

राजेंद्र : *(अरजा की ओर ध्यान से देखते हुए)* अति सुदंर। हमें पसंद है भाई मनचंदा जी। विवाह की व्यवस्था कीजिए।

मनचंदा : लेकिन भाभी और लड़के से तो पूछ लिया होता भाई राजेंद्र जी।

अलका : इनकी पसंद सबकी पसंद है, फिर लड़की तो खुद ऐसी सुंदर है कि कौन इसे पसंद नहीं करेगा?

मनचंदा : लेकिन भाभी ! एक बात साफ़ बता दूँ। अरजा घर का काम-धंधा नहीं करेगी, उसे सिखाया ही नहीं गया है, कुछ करना। इकलौती बेटी है। घर में भगवान का दिया सब कुछ है। उसे कुछ करने की ज़रूरत नहीं पड़ी कभी।

राजेंद्र : कोई बात नहीं भाई साहब ! वहाँ भी अलका के भाग्य से सब कुछ है। किसी चीज़ की कमी नहीं, बहुत बड़ा कृषि-फार्म है, संयुक्त परिवार है, नौकर-चाकर हैं। जिसका जी चाहे कुछ करे, जिसका जी न चाहे न करे। कोई पाबंदी नहीं है, किसी पर।

मनचंदा : ठीक है भाई साहब ! बहुत-बहुत धन्यवाद।

[मिष्ठान और जलपान के बाद मेहमान विदा हो जाते हैं। मंच खाली रहता है।]

दृश्य : तीन

[बारात चढ़ती दिखाई देती है। शहनाई और बैंडबाजे की धुन पर नृत्य हो रहा है। विवाह-मंडप का दृश्य उभरता है। विवाह-संस्कार के उपरांत अरजा ससुराल के लिए विदा हो जाती है।]

अब मैं समझ गई हूँ पापा !

दृश्य : चार

अलका : *(लॉन में खचाखच भरी औरतों की भीड़ से)* बहू क्या है, चौदहवीं का चाँद है। बिल्कुल चौदहवीं का चाँद।

[अरजा और संजीव सुनहरी कुर्सियों पर सजे बैठे हैं। अरजा का सौंदर्य शृंगार के बाद और भी बढ़ गया है। जो भी आता है, प्रशंसा के दो बोल अवश्य उसकी ज़ुबान से निकल जाते हैं।]

आवाज़ : बहू को देखकर तो लगता है कि खुद गढ़ा है भगवान ने अपने हाथों से।

दूसरी : क्या सुंदर कन्या है, वाह-वाह !

तीसरी : घर में चाँद उतर आया है, चाँद।

दृश्य : पाँच

[घर में अरजा अकेली है। सब लोग जेठ, जेठानी, ससुर, देवर, सास तथा घर के अन्य सदस्य अपने-अपने काम में लगे हैं। सास किचन में रसोइए को सहयोग दे रही है। ननदें सिलाई-कढ़ाई में व्यस्त हैं। ससुर फार्म पर जाने के लिए घर से निकल गए हैं। पति संजीव अपनी ड्यूटी पर चला गया है। अरजा अपने गद्देदार पलंग पर अकेली पड़ी है। कोई उसके पास नहीं आता है।]

अरजा : *(रसोई में सास के पास जाते हुए)* मम्मी जी ! मुझे इस घर में आए एक महीने से अधिक हो गया है ना !

सास : हाँ बेटी ! क्या दिल नहीं लग रहा है तुम्हारा यहाँ ?

अरजा : नहीं मम्मी, ऐसी बात तो नहीं पर— ।

सास : हाँ, हाँ कहो, झिझको नहीं।

अरजा : यहाँ कोई मेरा आदर नहीं करता है मम्मी ? मुझे बहुत अखरता है यह।

सास : लेकिन तुमने यह कैसे जाना कि कोई तुम्हारा आदर नहीं करता ?

अरजा : इस परिवार का यह नियम मैं देखती हूँ मम्मी कि घर में आते ही हर छोटा, बड़े को शीश नवाता है। छोटे भाई बड़े भाइयों को, और लड़कियाँ, माता-पिता को। अपने कामों से निबटकर जब शाम को लोग घर लौटते हैं, तो सब एक-दूसरे को प्रणाम करते हैं, लेकिन मेरी ओर कोई नहीं आता है। कोई पूछता ही नहीं मुझे।

सास : *(हँसकर)* तुम्हें समय पर खाना तो मिल जाता है बेटी !

अरजा : हाँ मम्मी। खाना भी, नाश्ता भी।

सास : कोई काम तो नहीं करना पड़ता तुम्हें। यही एक शर्त रखी थी तुम्हारे पिता ने शादी से पहले। कहा था, कोई काम तुमसे नहीं लिया जाएगा।

अरजा : वह तो ठीक है मम्मी। पर कुछ मेरा आदर-सम्मान भी तो होना चाहिए। जैसा औरों का होता है। मुझे तो खाना इस प्रकार दिया जाता है, जैसे भिखारी को दान दिया जाता है।

सास : अच्छा ! तुम ऐसा सोचती हो। यह शिकायत है तुम्हें। तो आने दो संजीव को, उससे कहूँगी।

[तभी राजेंद्रकुमार घर में प्रवेश करते हैं।]

सास : *(पति की ओर देखते हुए)* अजी कुछ सुना तुमने, बहू को शिकायत है, यहाँ कोई उसका आदर नहीं करता। छोटे बच्चे नमस्ते तक नहीं करते हैं उसे।

राजेंद्र : बात यह है बेटी ! दुनिया में करते को नमस्ते और काम को सलाम होता है। चाम और नाम को नहीं। समझीं ?

अरजा : *(झुककर ससुर के पाँव छूती है)* समझ गई हूँ पापा। समझ गई हूँ। दुनिया में करते को नमस्ते, निकम्मे को नहीं।

❑

मेहनत का स्वाद

❑

पात्र-परिचय

मंगलू : *गंगाराम व दाताराम के बूढ़े पिता*
मैना : *गंगाराम व दाताराम की बूढ़ी माँ*
गंगाराम : *कामचोर बालक*
दाताराम : *कामचोर बालक*

[बूढ़ा व्यक्ति मंगलू और उसकी पत्नी मैना चिंतित मुद्रा में बैठे दिखाई देते हैं। सूरज डूब चुका है। लेकिन अभी अंधकार नहीं छाया है। मटमैली रोशनी मंच पर फैली हैं। मंगलू अपनी पत्नी मैना को संबोधित करता है।]

मंगलू : साँझ से रात हो गई पर गंगाराम और दाताराम का अब तक पता नहीं है। दोनों लड़के घुमक्कड़ हो गए हैं। घर की कोई चिंता नहीं है, उन्हें।

मैना : मैं तो पहले ही कहती थी, इतना लाड़ मत दिखाओ, बच्चों पर।

आदत बिगड़ गई तो पछताना पड़ेगा।

मंगलू : *(तनिक तीखे स्वर में)* कहाँ लाड़ किया है मैंने। ग़रीब के बच्चों को प्यार भी न मिले तो और क्या मिलेगा?

मैना : *(चिढ़कर)* प्यार दिया है तो अब भुगतो उसे। काम करते-करते न अब तुममें जान रही है, न मुझमें। पर इन लड़कों को हमारी कोई चिंता ही नहीं है।

मंगलू : दिन निकलने से पहले कपड़ों का गट्ठा लेकर तालाब पर जाना, दिन-भर घाट पर कपड़े धोना, दिन ढले घर पर आना, बकरी के लिए चारा लाना। सारी ज़िंदगी गुज़र गई इसी धुरी पर घूमते हुए, कोल्हू के बैल की तरह......।

मैना : हाँ, ठीक कहते हो, अब बच्चे कुछ करने लायक हुए हैं तो हाथ बँटाते नहीं.....।

मंगलू : हाथ बँटाना तो दूर रहा वे टिकते भी नहीं, मैना।

मैना : टिकते कहाँ हैं? दोपहर का भोजन खाकर निकले तो फिर रात पड़े ही आएँगे। खाना खाएँगे और फिर निकल जाएँगे। रात में भगवान ही जाने कब आते होंगे?

मंगलू : घर में पकी-पकाई मिल जाती है ना । इसीलिए तो दिन लग रहे हैं। जिस दिन पेट को नहीं मिलेगी, पता लग ज़ाएगा।

मैना : मिलेगी क्यों नहीं, माता-पिता ज़िंदा हैं तो देंगे ही, चाहे कुछ भी करें।

मंगलू : कुछ सोचना चाहिए बच्चों के बारे में। इनका सुधार कैसे हो? पाठशाला में बिठाया था तो पाँचवीं से आगे नहीं गए। भाग आए स्कूल से। घाट पर जाना शुरू किया तो वहाँ टिके नहीं। करें तो क्या करें?

मैना : कहीं नौकरी लगवा दो दोनों की, किसी पंसारी की दुकान पर या किसी खाते-पीते किसान के घर।

मंगलू : हाँ मैना, बात तो तुम ठीक कहती हो। काम होगा तो करना ही पड़ेगा। चार दिन में अकल सीधी हो जाएगी। चिराग़-बत्ती तो करो अँधेरा हो गया।

[मैना उठकर जाती है, लालटेन जलाती है। फिर आकर पति

के निकट बैठ जाती है।]

मंगलू : क्यों मैना? आज कुछ खाने-पकाने का इरादा नहीं है क्या?

मैना : अभी उठ रही हूँ। बालक-बच्चे आ जाते तो चिंता दूर हो जाती। आँखें द्वार पर ही लगी हैं मेरी तो।

मंगलू : *(व्यंग्य से)* कहती मुझे है, बच्चों को लाड़ में बिगाड़ दिया और दूध तेरा उतरा जा रहा है, बच्चों के बिना।

मैना : *(चिढ़कर)* बच्चों के घर आने की बाट देखना और बात है गंगा के बापू, लाड़ और बात है।

[द्वार पर आहट होती है तो दोनों पति-पत्नी चुप हो जाते हैं। लालटेन के हलके उजाले में गंगाराम और दाताराम आते दिखाई देते हैं। एक की आयु 16 वर्ष के करीब है और दूसरे की 13 वर्ष।]

मंगलू : अरे कहाँ थे अब तक, ओ गंगा-दाता?

गंगाराम : कहीं नहीं बापू!

मंगलू : *(गुस्से में)* क्या कहा? कहीं नहीं ! यह भी कोई जवाब हुआ। अरे कहीं तो होगा, धरती पे, अंबर पे, कहीं तो होगा।

दाताराम : तुम्हें तो गुस्सा करने की आदत पड़ गई है बापू?

गंगाराम : तुम्हारा बस चले तो हमें इस तरह खूँटे से बाँधकर डाल दो, जैसे यह बकरी बँधी है।

मैना : चोरी और सीनाजोरी वाली बात मत करो लड़को? सारे दिन में अब घर में पाँव रखा है। कुछ तो शरम करो, उलटे बाप से उलझ रहे हो।

दाताराम : हम कहाँ उलझ रहे हैं? बापू तो खुद ही ताव दिखा रहे हैं हमें।

मंगलू : अच्छा-अच्छा अब जबानज़ोरी मत करो। जाओ बलकटी लेकर थोड़े-से पत्ते ले आओ बकरी के लिए। दोपहर से भूखी बँधी है।

दाताराम : मेरे बस का रात में पत्ते लाना नहीं है बापू। दिन में कहते तो ला भी देता।

मंगलू : दिन में तू था ही कहाँ घर के अंदर?

मैना : *(बीच में हस्तक्षेप करते हुए)* अच्छा गंगाराम तू चला जा। पत्ते तो

ठीक है, सबक तो सिखाना ही चाहिए इन्हें ।

आने ही हैं बकरी के लिए।

गंगाराम : ना माँ! मेरे पाँव में तो चोट लग गई है। चला नहीं जा रहा मुझसे।

मैना : क्या हो गया था?

गंगाराम : काँटा चुभ गया था माँ जंगल में।

मंगलू : काँटा लगे-लगे जंगल से घर तो आ गया, पर बकरी के लिए थोड़े से पत्ते नहीं ला सकता?

गंगाराम : तुम्हारे काँटा लगता बापू, तब पता लगता।

मंगलू : अच्छा-अच्छा, तू आराम से बैठ, मैं ही जाता हूँ पत्ते लेने। बकरी का पेट तो भरना ही है मुझे।

मैना : *(व्यंग्य से)* बकरी का नहीं, दोनों सपूतों को।

[मंगलू बलकटी लेकर घर से निकल जाता है। दोनों लड़के खाट पर शांत बैठे रहते हैं।]

मैना : कुछ तो शरम किया करो गंगा, दाता। सारे दिन का थका-हारा बाप घर में आया तो तुम उसका इतना भी हाथ नहीं बँटा सकते।

गंगाराम : इस किस्से को छोड़ माँ। भूख लगी है, जल्दी से खाना दे।

मैना : तुम्हें घर की चिंता कब होगी लड़को, हद कर दी तुमने तो।

दाताराम : तुझे तो एक बात की रट लग जाती है माँ। खाना बना जल्दी से।

मैना : अच्छी बात तो कान धर के सुनते ही नहीं तुम लोग। काम की आदत नहीं डालोगे तो जीवन-भर झींकना पड़ेगा, समझ लो।

गंगाराम : समझ लेंगे, तू खाना दे माँ!

[माँ दोनों के सामने खाना परोसती है। इतने में मंगलू भी बकरी के लिए पत्ते लेकर आ जाता है। पत्ते बकरी के सामने डालकर हाथ-मुँह धोता है और वह भी भोजन करने बैठ जाता है।]

दाताराम : माँ! आज खाना अच्छा नहीं बना, बिल्कुल बेकार है।

गंगाराम : हाँ तू ठीक कहता है दाते, न नमक न मिरच, कोई स्वाद नहीं। बस पेट भरना है, जैसे बकरी पेट भर रही है।

मंगलू : करनी न करतूत, लड़ने को मज़बूर। वही काम कर रहे हो, छोकरो तुम ! पकी-पकाई मिल गई तो नखरे सूझ रहे हैं तुम्हें।

दाताराम : माँ से बुढ़ापे में खाना नहीं बनता अब !

मैना : *(चिढ़कर)* मर-खप कर खाने को दो, ऊपर से उलाहने सुनो, यह भी अच्छी रही।

गंगाराम : उलाहने की बात नहीं माँ, तुझसे अब खाना नहीं बनता है बुढ़ापे में।

मैना : *(गुस्से में)* नहीं बनता तो किसी और से बनवा लिया कर। मैं कल चली जाऊँगी अपने पीहर।

दाताराम : धौंस काहे को दे रही है माँ, तू चली जाएगी तो गाड़ी थोड़ी रुक जाएगी घर की।

मंगलू : अच्छा-अच्छा, ज्यादा बात मत कर ! न माँ का ख्याल न बाप का लिहाज ! हद हो गई गँवारपन की।

[कुछ क्षण चुप्पी छाई रहती है। तीनों ख़ामोशी से खाना खाते रहते हैं। खाना खाकर दाता और गंगा फिर घर से बाहर निकल जाते हैं। बूढ़ा मंगलू उन्हें जाते देखता रहता है।]

मैना : फिर निकल गए ये घर से।

मंगलू : हाँ ! तू काहे को मरी जाती है, इनके लिए। खाना खाके आराम से सो जा।

मैना : गंगाराम के पाँव में चोट लगी है, वह कैसे चला गया ?

मंगलू : पाँव में चोट तो बकरी को पत्ते लाने के लिए लगी थी। अब तो वह घोड़े की चाल निकला है घर से।

मैना : मैं तुमसे एक बात कहूँ हूँ गंगा के बापू।

मंगलू : हाँ, बता क्या बात है ?

मैना : मैं कल सचमुच ही अपने पीहर चली जाती हूँ। तुम बीमार बनके खाट पे पड़े रहना। जब सिर पे आ पड़ेगी तो कुछ करेंगे ही ये दोनों।

मंगलू : ठीक है, सबक तो सिखाना ही चाहिए इन्हें।

[दृश्य बदलता है। साँझ का समय है। लालटेन की धुँधली रोशनी फैली है। गंगा और दाता घर के अंदर प्रवेश करते हैं।]

गंगा : माँ, अरी ओ माँ।

दाता : बोलती क्यों नहीं माँ? कहाँ चली गई? ला, जल्दी से खाना दे, भूख लगी है।

मंगलू : तुम्हारी माँ तो अपने पीहर चली गई। उसने तो कल ही कह दिया था तुमसे।

गंगाराम : माँ चली गई पर तुम तो हो बापू! तुमने तो कुछ खाने-दाने की जुगत की ही होगी।

मंगलू : मैं तो सुबह से तेज बुखार में पड़ा हूँ बेटे! घाट पे कपड़े धोने तो क्या जाता बकरी को पत्ते भी नहीं ला सका आज।

दाताराम : तो फिर खाने का जुगाड़ कैसे होगा बापू?

मंगलू : कैसे भी नहीं बेटे! ऐसे ही सो जाओ चुपचाप!

[दोनों लड़के अपनी-अपनी खाट पर लेट जाते हैं। कुछ देर घर में मौन छाया रहता है। गंगा बापू को आवाज़ देता है।]

गंगाराम : अरे ओ बापू, मेरा तो भूख के मारे दम निकला जा रहा है। कुछ इंतजाम कर ना रोटी का।

मंगलू : बीमारी में मेरे बस का नहीं है कुछ।

दाताराम : दिन का तो कुछ रखा होगा घर में।

मंगलू : उठकर देख लो रसोई में। कुछ रखा हो तो खा लो तुम दोनों।

[दाता उठकर रसोई खोजता है पर वहाँ पर कुछ नहीं है।]

दाताराम : रसोई में तो कुछ नहीं है बापू!

मंगलू : नहीं है तो भूखे ही सो जाओ चुप हो के।

गंगाराम : भूखे पेट नींद कहाँ आएगी बापू?

मंगलू : पर मुझे तो बहुत तेज़ बुखार है। मुझसे तो उठा नहीं जाएगा।

दाताराम : माँ घर में कुछ खाने-पीने को छोड़ भी गई है बापू, या सब कुछ

समेट-समाटकर ले गई।

मंगलू : मुझे नहीं पता ! खुद उठकर देख ले।

[दाता उठकर घर की तलाशी लेता है।]

दाताराम : थोड़ा-सा चने का आटा मिला है घर में।

मंगलू : बस तो इसे ही गूँथ कर रोटी बना लो और खाकर सो जाओ।

गंगाराम : हमसे रोटी कैसे बनेगी बापू ? हम क्या जानें रोटी बनाना ?

मंगलू : जब बनाने बैठोगे, तो बन ही जाएँगी। पेट सब हुनर सिखा देता है बेटे। माँ के पेट से तो कोई भी कुछ सीखकर नहीं आता।

दाताराम : चलो हम रोटी बना भी लें तो खाएँगे कैसे ?

गंगाराम : अरे, खा तो हम लेंगे बकरी के दूध से।

मंगलू : बकरी दूध नहीं देगी इस समय, उसे चारा नहीं मिला है।

दाताराम : फिर तो इसका मतलब यह हुआ बापू, पहले हम बकरी के लिए पत्ते लाएँ, फिर आटा गूथकर रोटी बनाएँ, इसके बाद बकरी का दूध निकालें, जब कहीं जाकर पेट को रोटी मिलेगी।

मंगलू : इतना ही नहीं बेटे ! घर में ईंधन भी नहीं है। बाहर सूखी लकड़ी पड़ी है। उसे कुल्हाड़ी से काटकर ईंधन भी करना होगा।

गंगाराम : ना बाबा ना, यह सब झंझट अपने बस का नहीं है।

मंगलू : नहीं है तो पेट पर पत्थर बाँधकर सो जाओ। तुम्हारी माँ आएगी तो वही रोटी बना कर देगी तुम्हारे लिए।

दाताराम : कब तक आएगी माँ, बापू ?

मंगलू : एक हफ़्ते के लिए कहकर गई है वह।

गंगाराम : एक हफ़्ते के लिए ! एक हफ़्ते में तो हम मर जाएँगे।

मंगलू : मरने का डर है तो खाना बनाना ही पड़ेगा।

दाताराम : *(गंगाराम से)* अच्छा ! गंगा, तू जाकर बकरी के लिए पत्ते ला। मैं कुल्हाड़ी से ईंधन काटता हूँ। पेट तो भरना ही है भैया ?

[दोनों अपने-अपने काम पर चले जाते हैं। मंगलू दोनों को जाते देखता है। कुछ ही क्षण में एक पत्ते लाता है, दूसरा ईंधन।]

दाताराम : *(रोटी तवे पर डालते हुए)* अरे गंगा, अब तो बकरी का दूध निकाल ले जल्दी। गरम हो जाएगा तो खाना खाएँगे।

[गंगा बकरी का दूध निकालकर लाता है। खाना तैयार हो जाता है।]

गंगाराम : आ बापू, तू भी खाले, जो कुछ खाना हो तुझे।

[मंगलू भी दोनों बेटों के बीच खाना खाने के लिए बैठ जाता है।]

दाताराम : *(रोटी चबाकर दूध का घूँट भरते हुए)* बहुत मज़ेदार भोजन बना है आज। ऐसा बढ़िया स्वाद है आज रोटी में तो कि.....।

मंगलू : *(प्यार से दोनों बेटों के कंधों पर हाथ रखते हुए)* बेटो, यह स्वाद रोटी का नहीं, मेहनत का है। मेहनत करोगे तो फल मीठा लगेगा। बिना मेहनत के रोटी कड़वी लगती है। यह बात याद रखना जीवन में।

❑

नकलची छात्र

❑

पात्र–परिचय

हरीश : *आलसी छात्र*
नासिर : *हरीश का मित्र*
विपिन : *हरीश का मित्र*
मायाराम : *हरीश के पिता*
साधना : *हरीश की माँ*
पप्पी : *हरीश की बहिन*
मुदित : *पप्पी का भाई*
प्रधानाचार्य

[मंच पर दो किशोर, जिनकी आयु 12-13 वर्ष है, आपस में वार्तालाप करते दिखाई देते हैं। समय शाम का है, मंच पर शाम का मटियाला उजाला फैला है।]

दृश्य : एक

नासिर : आज तुम फिर विद्यालय नहीं आए हरीश, तुम्हें मालूम है कि वार्षिक परीक्षाएँ बिल्कुल निकट आ गई हैं।

हरीश : क्या बताऊ नासिर, पढ़ाई में मेरा मन ही नहीं लगता?

नासिर : तुम जानते हो कि पिछले वर्ष परीक्षा में नहीं बैठ पाए थे तुम!

हरीश : परीक्षा में तो बैठा था, पर अँग्रेजी का पर्चा इतना खराब हो गया था कि मेरी हिम्मत टूट गई। पिताजी ने भी कहा कि इस वर्ष रहने दो, अगली बार पूरी तैयारी के बाद परीक्षा देना।

नासिर : लेकिन तैयारी तो इस वर्ष भी तुमने कोई खास नहीं की।

[*बातचीत के बीच विपिन आ जाता है।*]

विपिन : क्या गप्प लड़ाई जा रही है भाई?

नासिर : गपशप तो कुछ नहीं। हरीश से कह रहा हूँ कि परीक्षाएँ निकट हैं, कुछ पढ़ने-लिखने का ध्यान लगा।

विपिन : *(हंसकर)* अरे यह क्या खाक पढ़ने में दिल लगाएगा, इसका तो इन पंक्तियों में विश्वास है—

पढ़ेंगे लिखेंगे, होंगे खराब,
खेलेंगे, कूदेंगे, बनेंगे नवाब!

नासिर : बात तो तुम ठीक कह रहे हो। लगता तो मुझे भी ऐसा ही है।

विपिन : हर तीसरे दिन तो यह विद्यालय से गैर-हाजिर रहता है। स्कूल आएगा भी, तो कभी गणित के घंटे में गायब है तो कभी अँग्रेजी के।

हरीश : क्या बताऊँ यार, मन ही नहीं लगता है पढ़ाई में।

विपिन : पिछले साल जो आठवीं में थे इसके साथ, वे आज नवीं की तैयारी कर रहे हैं और इसने आठवीं से आगे न निकलने मन बना रखा है।

नासिर : एक साल परीक्षा बीच में ही छोड़ दी। इस साल तो इसे गंभीर हो ही जाना चाहिए था।

हरीश : क्या बताऊँ नासिर, रोज अपने आपको समझाता हूँ। मन लगाकर पढ़ने का संकल्प लेता हूँ। पर विद्यालय का ध्यान आते ही मुझे हौल-सी उठने लगती है।

विपिन : इस हौल ने तो तुम्हारा सत्यानाश किया है।

नासिर : पिछले साल यह घर से आता था स्कूल जाने के लिए और सारा टाइम गुज़ार देता था, पार्क में आवारा लड़कों के साथ खेलकर।

विपिन : आश्चर्य तो यह है कि इसके पिताजी ने इन बातों की ओर कभी ध्यान ही नहीं दिया।

नासिर : ध्यान देते तो यह इस हालत में कैसे पहुँच जाता?

विपिन : क्यों हरीश! तुम्हारे पापा, तुम्हें इन बातों से रोकते नहीं हैं! कुछ नहीं कहते वे तुमसे!

हरीश : कई बार विद्यालय से खबर पहुँची, कई बार साथियों ने मेरे बारे में उनसे बताया, लेकिन मुझे तो उन्होंने कुछ कहा नहीं।

विपिन : कुछ भी नहीं कहा, ताज़्ज़ुब है।

हरीश : बस इतना कहा–'हरीश बेटे! कई लोग दूसरों को धोखा देते हैं, और कई अपने आपको। तुम उनमें से हो जो अपने आपको धोखा देते हैं और वही सबसे बड़े दुश्मन हैं अपने आपके।

नासिर : इससे ज़्यादा वह और कह भी क्या सकते हैं, हरीश! भले आदमी को बात और भले घोड़े को एक चाबुक काफ़ी होता है।

हरीश : मैं भला आदमी या भला घोड़ा कहाँ हूँ? किताबें तो सामने आते ही मुझे फाड़ खाने को दौड़ती हैं।

नासिर : इस वर्ष तो तुम्हारे पापा ने गणित और अँग्रेजी के ट्यूशन भी लगा रखे थे।

हरीश : हाँ, लेकिन मैं रोज़ाना पढ़ने ही नहीं गया।

नासिर : महीना पूरा होने पर निश्चित तारीख़ को फीस दे आते होंगे।

हरीश : हाँ नासिर, दो-चार दिन चला भी जाता हूँ पर न तो अँग्रेजी ही मेरे दिमाग़ में आती है और न गणित ही।

विपिन : तुम्हारी आदत पढ़ाई के अनुकूल नहीं है तो कोई काम-धंधा शुरू क्यों नहीं करते हरीश?

हरीश : तुम बिल्कुल गलत समझ रहे हो विपिन। पढ़ना तो मैं भी चाहता हूँ। पर उसके लिए मेहनत मुझसे नहीं होती।

नासिर : लेकिन दूसरे कामों में तो इससे भी ज़्यादा मेहनत करनी पड़ती है हरीश !

हरीश : यह तो मैं खुद भी जानता हूँ नासिर ! मेरे दिमाग में तो लगातार यह बात घूमती रहती है कि कोई ऐसा मंत्र हाथ लगे कि बिना मेहनत किए हर वर्ष पास हो जाया करूँ ।

नासिर : यह असंभव है ।

विपिन : मेहनत किए बग़ैर सफलता नहीं मिलती हरीश ।

दृश्य : दो

[हरीश अपने घर में अपने माता-पिता के बीच बैठा है । उसके सामने किताबों का ढेर लगा है । आँगन में छोटे भाई-बहन खेल रहे हैं ।]

मायाराम : क्यों बेटे हरीश, इस वर्ष तुमने इम्तिहान की तैयारी अच्छी तरह कर ली होगी ?

हरीश : हाँ पिताजी । पूरी-पूरी तैयारी कर ली है अबकी बार ।

मायाराम : अब तो आठवीं कक्षा की परीक्षा भी बोर्ड जैसे महत्त्व की हो गई है । गणित और अँग्रेजी की तैयारी अच्छी तरह कर लेना बेटे !

हरीश : बहुत अच्छा पिताजी !

साधना : अब के तो जी, इसने रात को बारह-बारह बजे तक किताबों में सिर खपाया है ।

मायाराम : तुम्हें कुछ पता नहीं हरीश की माँ । कई बार मैंने रात को उठकर देखा, बेटे के सिरहाने कोई न कोई नॉविल ही रखा पाया ।

साधना : फिर आपने टोका क्यों नहीं जी इसे ?

मायाराम : तुम्हारे सामने नहीं टोका, अलग से कई बार समझाया । पर भगवान ही जाने इस पर असर हुआ या नहीं ?

साधना : असर क्यों नहीं हुआ होगा जी, जरूर हुआ होगा ।

मायाराम : मेरा तो इससे बार-बार एक ही कहना है । दुनिया को धोखा देने से भी बड़ा अपराध अपने-आपको धोखा देना है । जब यह इस रहस्य को समझ जाएगा तो सुधर जाएगा खुद ही ।

साधना : अपने आप कोई नहीं समझता है जी, समझाने से समझते हैं बच्चे ।

मायाराम : कई बच्चे ऐसे होते हैं, जिन्हें शब्द नहीं घटनाएँ या दुर्घटनाएँ समझाती हैं ।

साधना : आप तो हमेशा दार्शनिकों वाली बातें करते रहते हैं जी ।

पप्पी : मम्मी-मम्मी ! आप भैया जी के पीछे क्यों पड़ी रहती हैं हरदम ! देखिए रोने लगे हैं हरीश भैया ।

साधना : जा पप्पी, तू अपना काम कर । बड़ों की बात में टाँग नहीं अड़ाया करते, बेटी !

मुदित : चल-चल पप्पी, एक छोटा-सा घर बनाएँगे मिलकर, तू अपनी गुड़िया लाना और मैं अपना गुड्डा लाऊँगा ।

पप्पी : फिर मैं इसे इसी प्रकार समझाऊँगी, जैसे मम्मी हरीश भैया को समझा रही हैं ।

[दोनों भाई-बहिन खेलते हुए आगे बढ़ जाते हैं ।]

साधना : हरीश बेटे ! इस साल फर्स्ट क्लास पास होकर दिखाओ तो बात बने ।

मायाराम : फर्स्ट क्लास पास हो जाएगा तो मैं एक बढ़िया घड़ी इनाम में दूँगा इसे !

साधना : मैं एक बढ़िया सूट सिलवा कर दूँगी ।

[हरीश वर्षा ऋतु पर अँग्रेजी निबंध रटने लगता है । मायाराम और साधना उठकर अपने-अपने कामों में व्यस्त हो जाते हैं ।]

दृश्य : तीन

[हरीश अपने मित्र विपिन और नासिर के साथ बातें कर रहा है ।]

हरीश : मैं इस वर्ष फर्स्ट क्लास पास हो गया तो मम्मी मुझे एक सूट और पापा एक बढ़िया घड़ी दिलवाएँगे ।

नासिर : लेकिन पास कैसे होगे तुम और वह भी फर्स्ट क्लास ।

हरीश : सबसे बड़ा सवाल तो यही है, कोई हल तुम्हीं सुझाओ यार !

विपिन : अब क्या हल सुझाएँ ! परसों से परीक्षाएँ हो रही हैं। तुम चाहो भी तो प्रथम श्रेणी के अंक लाने-योग्य तैयारी नहीं कर पाओगे।

हरीश : कोई शार्टकट बताओ यार !

नासिर : सड़कों-मार्गों में तो होता है शार्टकट। प्यारे, पढ़ाई में नहीं होता।

हरीश : होता क्यों नहीं? होता है यार !

विपिन : वह क्या बताओ !

हरीश : नकल !

नासिर : तो क्या तुम नकल करोगे? क्या नकल करके पास होगे?

हरीश : हाँ, यही पास होने का शार्टकट है।

नासिर : अगर पकड़े गए तो? सारा कैरियर ख़राब हो जाएगा तुम्हारा।

विपिन : नकल करना कानूनन अपराध है भाई जी। मारे जाओगे बुरी तरह।

हरीश : रिस्क नहीं लूँगा तो कुछ हाथ नहीं आएगा मेरे। रिस्क तो लेना ही होगा।

विपिन : तुम हमेशा गलत ढंग से सोचते हो हरीश।

हरीश : जो मैं चाहता हूँ मुझे करने दो। नकल से पास हो गया तो कहना ही क्या है। नहीं हुआ तो पापा जी कहते ही हैं।

नासिर : क्या कहते हैं पापा जी।

हरीश : कहते हैं कुछ लोग शब्दों से नहीं, घटनाओं या दुर्घटनाओं से सबक सीखते हैं।

विपिन : ऐसा सबक सीखने का प्रयास मत करो हरीश, जिससे तुम्हारा भविष्य खतरे में पड़ जाए।

हरीश : इसके अलावा अब कोई रास्ता नहीं रहा है !

नासिर : अच्छा ! एक-वायदा करो, जिन पर्चियों से तुम नकल करोगे, वे परीक्षा के बाद मुझे दे दिया करोगे।

हरीश : क्यों, तुम क्या करोगे उनका?

नासिर : कहते हैं, नकल के लिए भी अकल की ज़रूरत है, देखूँगा तुममें नकल करने की कितनी अकल है?

हरीश : ठीक है, वायदा रहा।

यह है हरीश की मेहनत का प्रमाण !

दृश्य : चार

[परीक्षाफल की घोषणा हो गई है। हरीश प्रथम श्रेणी में पास हो गया है। वह खुशी-खुशी अपना रिजल्ट कार्ड लेकर घर आता है।]

हरीश : पापा-पापा, फर्स्ट डिवीजन पास हो गया हूँ मैं।

मायाराम : शाबाश बेटे ! शाबाश ! बधाई हो।

साधना : मैं तो पहले ही कहती थी, अब के कड़ी मेहनत कर रहा है बेटा।

मायाराम : *(पत्नी से)* चलो चायपार्टी हो जाए इसी खुशी में। परसों हरीश के दोस्तों और कालेज के प्रधानाध्यापक को चाय पर बुलाए लेते हैं। तभी मैं इसे अपने वायदे के अनुसार घड़ी इनाम में दूँगा।

साधना : ठीक है। बिल्कुल ठीक !

दृश्य : पाँच

[हरीश के घर पर उसके बहुत से मित्र, विद्यालय के प्रधानाध्यापक तथा अन्य बहुत-से लोग जमा हैं। चाय का दौर चल रहा है।]

मायाराम : मुझे खुशी है प्रधानाचार्य जी, हरीश इस वर्ष आपकी कृपा से फर्स्ट क्लास पास हुआ।

प्रधानाचार्य : आशा तो कम थी मायाराम जी, किंतु साल के अंत में यह काफी सँभल गया था।

मायाराम : यह सब आपकी ही कृपा है प्रधानाचार्य जी ! अगले वर्ष यह फिर फर्स्ट क्लास आया तो मैं सोने की एक अँगूठी दूँगा इसे इनाम में।

प्रधानाचार्य : और इस बार, अपनी ओर से एक घड़ी और साधना जी की ओर से सूट।

मायाराम : बेटे हरीश, तुम और लगन से काम करना अगले साल।

नासिर : *(नासिर सीट से खड़े होते हुए)* हाँ, नकल करने में और अधिक लगन की जरूरत होगी अंकल जी।

मायाराम : क्या मतलब !

नासिर : *(नकल की पर्चियाँ पेश करते हुए)* यह है हरीश की मेहनत का प्रमाण।

[सब सन्नाटे में हैं ! हरीश की आँखों से टपाटप आँसू गिर रहे हैं।]

❑

सेठ पन्नालाल

❑

पात्र-परिचय

सेठ : *धनवान व्यक्ति*

मुनीम : *सेठ का मुनीम*

धनसिंह : *ग़रीब क़र्ज़दार*

मूलचंद : *ग़रीब क़र्ज़दार*

फूलवती : *ग़रीब क़र्ज़दार*

सेठानी : *सेठ की पत्नी*

लक्ष्मी : *धन की देवी*

भीड़ में उपस्थित व्यक्ति

[पगड़ी-धोती पहने, चश्मा लगाए सेठ पन्नालाल और बहीखाता लिए उनका मुनीम सामने आते हैं। दोनों बराबर बिछी कुर्सियों पर बैठे हैं। आसपास और भी कुर्सियाँ पड़ी हैं, जो खाली

हैं। मुनीम जी बहीखाते को पलट-पलटकर एक अन्य काग़ज़ पर कुछ लिखते जाते हैं।]

सेठ : क्यों मुनीम जी। इस वर्ष फ़सल कैसी हुई है बस्ती में?

मुनीम : फ़सल बहुत अच्छी हुई है, सेठजी! कई बरस बाद ऐसी बढ़िया फ़सल देखने को मिली है बस्ती के किसानों को ।

सेठ : यह पूरा क्षेत्र वर्षा पर निर्भर है। वर्षा अच्छी हो गई और समय पर हो गई तो ठीक है, वर्ना जीने के लाले ही पड़ जाते हैं।

मुनीम : हाँ सेठ जी! इस साल वर्षा अच्छी हुई और समय पर हुई।

सेठ : क़र्ज़दारों की सूची तुमने तैयार कर ली ना? किन-किन लोगों से कितना-कितना पैसा उगाना है, असल और ब्याज मिलाकर?

मुनीम : *(काग़ज़ सेठ के सामने बढ़ाते हुए)* हाँ सेठ जी, सूची तैयार हो गई। कोई ढाई सौ लोग हैं, बकायादार!

सेठ : ज़रा कड़ाई से वसूल करना होगा मुनीम जी! बकायादार बहाने बहुत किया करते हैं। कैसा ख़राब ज़माना आ गया है? लेकर देना तो कोई चाहता ही नहीं है।

मुनीम : आप ठीक कहते हैं सेठ जी!

[मैले-कुचैले कपड़े पहने दो किसान आते हैं। सेठ जी और मुनीम जी को हाथ जोड़कर नमस्ते करते हैं और नीचे फ़र्श पर बैठे जाते हैं।]

सेठ : क्यों रे धनसिंह, कैसे आना हुआ इस समय?

धनसिंह : एक निवेदन करने आया हूँ सेठ जी।

सेठ : *(विनम्रता से)* बोल, बोल, निसंकोच बता?

धनसिंह : मालिक ने इस बरस उपज अच्छीं दी है, सेठ जी। सोचा है, बिटिया के हाथ पीले कर दूँ। अब वह सयानी हो गई है। दो बरस से बात टलती आ रही है सेठ जी।

सेठ : ज़रूर, ज़रूर। नेक काम में देर नहीं करनी चाहिए, धनसिंह! बता हमसे क्या चाहता है?

धनसिंह : बस महाराज, इतनी कृपा करो कि जो कुछ क़र्ज़ा है, उसका आधा ले लो, आधा अगले साल हाथ जोड़कर दूँगा।

सेठ : *(एकदम त्यौरी चढ़ जाती है)* यह नहीं सकता है धनसिंह। बिल्कुल नहीं होगा। पहले पाई-पाई चुकता कर फिर आगे बात करना?

धनसिंह : पर माई बाप! मेरी बिटिया का विवाह?

सेठ : हम कुछ नहीं जानते।

[उसकी ओर से मुँह फेर लेता है। दूसरे व्यक्ति की तरफ़ देखते हुए]

सेठ : हाँ रे मूलचंद! तू कैसे आया?

मूलचंद : जब सरकार, आपने धनसिंह की विनती ठुकरा दी तो मैं क्या कहूँ?

सेठ : नहीं-नहीं, तू भी कह। ज़रूरी नहीं सबके लिए एक ही जवाव हो।

मूलचंद : *(झिझकते हुए)* वह बात यह है सेठ। मेरे दो बैल बहुत कमजोर हो गए हैं। वह काम करने के लायक नहीं रहे, यदि आप थोड़ी दया करो और पूरा क़र्ज़ा ....।

सेठ : *(बीच में ही बात काटते हुए)* जिसे देखो, वह पैसा मारने के चक्कर में रहता है। कभी यह बहाना, कभी वह बहाना। यह बिल्कुल नहीं होगा।

मुनीम : सेठ जी, सरकारी पैसा तो एकदम दे देते हैं लोग; पर निजी साहूकार को ....।

सेठ : निजी साहूकारों को रखाते रहते हैं और उनके बग़ैर काम चलता भी नहीं।

मुनीम : काम कैसे चले सेठ जी ! एक तो बैंकों में झंझट बहुत हैं, फिर छोटे किसानों को कोई पूछता नहीं। ऐसा तो है नहीं कि सेठ जी के यहाँ गए और फटाफट नोट गिन लाए।

सेठ : तुम ठीक कहते हो मुनीम। ज़रा खाता देखकर बताओ, इन दोनों पर कितना रुपया निकलता है?

[मुनीम बहीखाते के पन्ने पलटता है।]

मुनीम : धनसिंह पर एक हज़ार रुपये हैं सेठ जी, और मूलचंद पर पौने दो हज़ार।

पाई-पाई चुकाना होगा सारा क़र्ज़ा ब्याज-सहित।

सेठ : ब्याज-सहित या ब्याज इसके अतिरिक्त है ?

मुनीम : यह तो मूलधन है सेठ जी, ब्याज अलग।

सेठ : *(दोनों को डाँटते हुए)* पाई-पाई चुका दो चुपचाप दोनों, वर्ना अच्छा नहीं होगा।

[मैली-सी साड़ी बाँधे एक महिला आकर बैठ जाती हैं ।]

मुनीम : तू कैसे आई है री फूलवती ?

फूलवती : वैसे कौन किसी के पास आवे है मुनीम जी, काम पड़ने पर ही आवे हैं।

सेठ : तू भी बोल क्या काम है ?

फूलवती : मुनीम जी को पता है सेठ जी ! मेरे घर वाले का हाथ आ गया था, गहाई मशीन में। वह अभी अस्पताल में पड़ा है, बड़ा खर्चा हो गया जी।

सेठ : *(बीच में बात काटते हुए)* यह सब नहीं चलेगा, फूलवती यह सब नहीं चलेगा, पाई-पाई चुकाना होगा, सारा क़र्ज़ा ब्याज-सहित।

मुनीम : *(बैठे हुए लोगों से)* तुम लोग जाओ और सेठ जी का पैसा चुकाने की चिंता करो।

[महिला-सहित सभी लोग चले जाते हैं। अब मंच पर सेठ पन्नालाल और उनका मुनीम ही बैठे हैं।]

सेठ : मुनीम जी, किसान लोग, बहाने कर रहे हैं, हर साल की भाँति इस साल भी ! देर मत करो, दिहाड़ी पर कुछ आदमी रखो और कड़ाई से गल्ला वसूल करने निकल जाओ बस्ती में।

मुनीम : बहुत अच्छा सेठ जी !

सेठ : और हाँ, एक बात और नोट कर लो। सरकार भी समर्थन मूल्य पर गल्ला खरीद रही है। तुम पाँच-दस रुपये अधिक का भाव लगा कर अधिक से अधिक गेहूँ का स्टाक कर लो।

मुनीम : सेठ जी ! पर इससे क्या लाभ होगा, ऐसे तो घाटे में रहेंगे हम।

सेठ : नहीं घाटे-वाटे में नहीं रहेंगे हम। ज्योतिष-विद्या के हिसाब से अगले साल सूखा पड़ेगा इस क्षेत्र में।

मुनीम : यदि ऐसा न हुआ तो ?

सेठ : अगर-मगर मत करो मुनीम जी, दिहाड़ी पर कारिंदों को लो। पुराना धन वसूल करो और अधिक से अधिक गल्ला खरीदो। सरकारी तोल पर किसान को मत जाने दो। समझे।

मुनीम : बहुत अच्छा सेठ जी।

[कुछ क्षण मंच खाली रहता है। फिर सेठ पन्नालाल और उनका मुनीम आकर कुर्सियों पर बैठ जाते हैं। मुनीम के हाथ में उसी तरह का बहीखाता है, जैसा पहले था।]

सेठ : क्यों मुनीम जी, हमारे गोदामों में कितना स्टाक है गल्ले का ?

मुनीम : 5 हज़ार कुंटल से कुछ ज़्यादा ही होगा सेठ जी।

सेठ : ठीक है। देखो हम नहीं कहते थे कि अगले साल फ़सल अच्छी नहीं रहेगी !

मुनीम : आपका अनुमान ठीक निकला सेठ जी, पूरे इलाके में धूल उड़ रही है। पूरे जाड़े बीत गए। एक बूँद वर्षा नहीं हुई।

सेठ : धरती यहाँ की ऐसी है कि नलकूप सफल नहीं होते। पानी काफ़ी नीचे है ना।

मुनीम : हाँ सेठ जी ! फिर सरकार को भी कोई खास चिंता नहीं हैं इन इलाकों की ।

सेठ : चिंता तो पाँच साल में एक बार होती है, जब वोट पड़ने का समय आता है।

मुनीम : हाँ, सेठ जी ! पर मेरे जीवन में पहली बार इतना भयंकर सूखा पड़ा है, इस इलाके में। धरती ने बीज तक नहीं लौटाया। दाना तक हरा नहीं हुआ !

सेठ : सुना है सरकार ने अपना सारा क़र्ज़ा माफ़ कर दिया है और कुछ अनुदान भी स्वीकार किया है किसानों के लिए।

मुनीम : इससे क्या होता है सेठ जी ! वह तो ऊँट के मुँह में जीरे के बराबर होगा।

सेठ : सुना है मेहनत-मजदूरी वाले लोग तो भूखे मर रहे हैं, भाग रहे हैं बस्ती छोड़-छोड़कर।

मुनीम : हाँ सेठ जी, बहुत बुरा हाल है बस्ती का।

[बहुत से व्यक्तियों की भीड़ मंच पर दिखाई देती है जिसमें पुरुष भी हैं और बच्चे भी।]

सेठ : मुनीम जी ! पूछो ये सब लोग क्यों आए हैं ?

मुनीम : *(भीड़ को संबोधित करते हुए)* क्यों ? कैसे आए हो तुम लोग ?

व्यक्ति : *(बारी-बारी)* हम भूखे हैं। हमें अनाज चाहिए।

सेठ : हाँ, मुनीम जी ! जेवर, बर्तन, बैल, भैंस तथा जो भी चीज़ इनके पास है, उसे आधे दामों पर लगाते जाओ और गल्ला देते जाओ।

मुनीम : *(ज़ोर से चिल्लाकर)* बोलो मंजूर है ? तुम्हारी चीज़ें आधे दामों में ली जाएँगी।

भीड़ : मंजूर है, मुनीम जी मंजूर है। हमें खाना चाहिए।

[मंच पर मुनीम और सेठ पन्नालाल के सम्मुख जेवर और दूसरे कीमती सामानों का अंबार लग जाता है।]

सेठ : *(मुनीम से)* सब गल्ला बिक गया ?

मुनीम : हाँ सेठ जी, सब गल्ला बिक गया ?

सेठ : तुम तो कहते थे, सरकार के मुकाबले में घाटा रहेगा हमें।

मुनीम : तब तो ऐसा ही लगता था सेठ जी।

सेठ : अब हिसाब लगाओ, यह सब सामान कितने का है, और उसे शहर ले जाकर बेच दो।

मुनीम : बहुत अच्छा सेठ जी।

सेठ : लेकिन तुमने सामान के मालिकों से रसीद भी लिखवा ली हैं, मुनीम जी या नहीं !

मुनीम : ऐसी कच्ची गोलियाँ नहीं खेला हूँ सेठ जी।

सेठ : तो जाओ इसे बेच दो।

[मंच कुछ क्षण ख़ाली रहता है। फिर पन्नालाल और उनका मुनीम कुर्सियों पर बैठे दिखाई देते हैं।]

मुनीम : इस वर्ष तो वारे के न्यारे हो गए सेठ जी।

सेठ : *(कुछ परेशान-सा दिखाई देता है)* हाँ, तुमने बताया था एक करोड़ के आस-पास लाभ हुआ है इन सौदों में।

मुनीम : हाँ सेठ जी, इतना ही।

सेठ : इस लाभ पर कुछ दान-पुण्य तो करना चाहिए मुनीम जी, दो-चार हज़ार किसी मंदिर धर्मशाला को, कुछ ब्राह्मणों को भोजन दो।

मुनीम : *(आश्चर्य से)* ऐसा तो पहले कभी नहीं हुआ है आपके यहाँ। सेठानी तो कुत्ते को भी टुकड़ा नहीं डालतीं कभी। वह कैसे मानेंगी ?

सेठ : *(धीमे स्वर में)* मानेंगी क्यों नहीं ? रात उसने और मैंने एक ही सपना देखा और सपना बहुत चिंताजनक था।

मुनीम : क्या सपना देखा, सेठ जी ?

सेठ : हमने देखा जैसे लक्ष्मी हमारे घर से रूठकर जा रही हैं। मैं और सेठानी उसे मना रहे हैं, विनती कर रहे हैं उसकी, पर वह मानती नहीं है। बस एक ही बात कह रही है, 'मैं तुम्हें शाप दूँगी और वह सारा धन, जो तुमने इकट्ठा किया है, राख हो जाएगा। तुम सोने पर हाथ डालोगे तो वह मिट्टी बन जाएगा।'

मुनीम : यह तो बड़ा भयंकर सपना है सेठ जी। दान-पुण्य तो हम किए देते हैं, आप उपासना भी कीजिए . . . .।

[मंच पर मुनीम और सेठ पन्नालाल भिखारियों को दान देते दिखाई देते हैं। दान-दक्षिणा देने के उपरांत मंच कुछ क्षण के लिए फिर ख़ाली हो जाता है। कुछ ही समय बाद सेठ तथा उनका मुनीम तथा सेठानी दिखाई देते हैं।]

सेठ : *(दुःख-भरे स्वर में)* ऐसा लगता है मुनीम जी, अब समय शुरू हो गया है हमारे विनाश का।

सेठानी : किसी धर्मगुरु से उपाय तो पूछो इस संकट से निकलने का ?

मुनीम : हुआ क्या है सेठानी जी, ज़रा बताइये तो सही।

सेठानी : मेरे हाथ-पाँव ठंडे हो रहे हैं, दिल धड़क रहा है मेरा तो।

सेठ : मेरा भी यही हाल है मुनीम, मेरा भी यही हाल है।

मुनीम : पर हुआ क्या, कुछ बताइए तो सही।

सेठ : रात मैं एकांत में उपासना कर रहा था कि पौ फटने के आस-पास

माँ लक्ष्मी प्रकट हो गई मेरे सम्मुख। मैं चरणों में गिर गया लक्ष्मी जी के। वह अत्यंत रुष्ट थीं।

[लक्ष्मी प्रकट होने का दृश्य दिखाया जाता है।]

सेठ : रोते हुए, माँ मेरा दोष तो बता, क्या पाप किया है मैंने ?

लक्ष्मी : नहीं-नहीं, मैं तेरे घर में नहीं रहूँगी अब ?

सेठ : मैंने तो दान-पुण्य भी किया है माँ, भूखों को धन बाँटा है।

लक्ष्मी : लेकिन कब। उस समय ना, जब उस दान-पुण्य की आवश्यकता नहीं थी। जब आवश्यकता थी तब तेरी मुट्ठियाँ बंद थीं। अब मैं जा रही हूँ और तुझे शाप देती हूँ।

[सेठ पन्नालाल और सेठानी मंच पर बेहोश पड़े हैं। मुनीम पास में चुपचाप खड़ा है।]

❑

दो थैलियाँ

❑

पात्र-परिचय

गिरधारी : *मोहित का पिता*
मोहित : *गिरधारी का बड़ा पुत्र*
रोहित : *गिरधारी का छोटा पुत्र*
कांता : *मोहित, रोहित की माँ*
सुधा : *मोहित, रोहित की बहिन*

दृश्य : एक

[मंच पर एक बूढ़ा किसान गिरधारी खाट पर बैठा दिखाई देता है। भोर का समय है। वह अपने दोनों बेटों को आवाज़ देता है।]

गिरधारी : अरे, ओ मोहित।

मोहित : हाँ ! पिता ज़ी !

गिरधारी : क्या कर रहे हो तुम ? अपने छोटे भाई रोहित को लेकर मेरे पास आओ ? अपनी माँ से कहो, वह मेरे लिए नाश्ता तैयार कर दे।

[दोनों लड़के रोहित और मोहित अपने पिता गिरधारी के पास खड़े दिखाई देते हैं।]

मोहित : कहिए पिता जी ! क्या आदेश है ?

गिरधारी : मेरे बेटो ! तुम जानते हो, मेरा पूरा जीवन खेतों में काम करते बीता है। पचास साल से अधिक हो गए कड़ी मेहनत करते हुए। मैं बहुत थक गया हूँ।

रोहित : हम तो आपसे बार-बार कहते हैं पिता जी, अब आप आराम करें। खेत-किसानी का काम हम खुद सँभाल लेंगे, पर आप मानते ही नहीं हैं।

गिरधारी : मानूँ कैसे ? एक तो काम करने की आदत है, फिर मुझे तुम दोनों पर इतना विश्वास नहीं है कि तुम खेत-किसानी का पूरा काम सँभाल सकते हो।

मोहित : आप विश्वास तो करके देखें, पिताजी ? हम दोनों आपकी संगत में खूब जान गए हैं खेती के काम को।

गिरधारी : केवल काम जानना ही काफ़ी नहीं है।

रोहित : किसान को अपने विवेक का प्रयोग भी करना पड़ता है कई बार। यही ना।

मोहित : जब तक आप हम लोगों को मौका नहीं देंगे, हम अपने विवेक का प्रयोग कैसे कर पाएँगे ?

गिरधारी : ठीक है रोहित ! तुम ठीक कहते हो। जब तक आदमी को मौका नहीं मिलता, वह अपना विवेक दिखा ही नहीं पाता ?

मोहित : पिताजी आप यही सोचते हैं ना कि हम अकेले ठीक ढंग से काम नहीं कर पाएँगे ?

गिरधारी : नहीं ! मेरे बच्चो, ऐसा नहीं है। अब मैं कुछ समय के लिए तुम दोनों पर ही काम छोड़ देना चाहता हूँ।

कांता : *(गिरधारी के निकट आते हुए)* ए जी, भोजन तैयार कर दिया है। पर मेरा मन नहीं माने है, बुढ़ापे में तुम्हें कहीं जाने देने को।

गिरधारी : कांता, मैं तो जीवन-भर तेरे पाँव से पाँव बाँधे बैठा रहा। खेत और घर के अलावा दुनिया में कुछ देखा ही नहीं, अब चार-छः महीने के लिए घूम आने दे मुझे?

कांता : जाओगे कहाँ?

गिरधारी : यह देश बहुत बड़ा है। बहुत विशाल। क्या नहीं है यहाँ? पर्वत हैं, सागर है, अनेक रमणीय स्थान हैं। घूमघूम कर जगह-जगह इस माटी की महक सूँघूँगा।

मोहित : कितने दिन में लौटेंगे, पिता जी?

गिरधारी : बस कोई चार महीने बाद! अब हमने साढ़ी की फ़सल उठाई है ना, अगले महीने धान बोए जाएँगे। जब तुम लोग धान की फ़सल काट रहे होगे, तब मैं लौट आऊँगा।

कांता : मैंने कपड़े और जरूरत का दूसरा सामान तैयार कर दिया है जी!

गिरधारी : *(खिड़की की ओर देखते हुए)* सुधा! मैंने तुझे दो थैलियाँ दी थीं। जा उन्हें उठा ला।

[सुधा कपड़े की दो थैलियाँ उठाकर लाती है। इनमें कोई चीज़ भरी हुई है।]

सुधा : लीजिए पिता जी।

गिरधारी : *(दोनों थैलियों को सँभालते हुए)* ठीक है, आ बैठ जा बेटी मेरे पास!

[सुधा खाट पर बैठ जाती है।]

सुधा : पिता जी, आप कहीं जा रहे हैं ना? मेरे लिए क्या लेकर आएँगे परदेश से?

गिरधारी : *(प्यार से)* तेरे लिए बहुत अच्छी-अच्छी ढेर सारी चीज़ें लेकर आऊँगा? तू घर के कामों में अपनी माँ का हाथ बँटाना, समझी?

सुधा : हाँ पिता जी?

गिरधारी : *(दोनों बेटों को संबोधित करते हुए)* लो मोहित, एक थैली तुम रखो और दूसरी रोहित को दे दो।

[दोनों लड़के एक-एक थैली ले लेते हैं।]

मोहित : इनका क्या करना है पिता जी।

गिरधारी : इनमें आधा-आधा किलो धान है। बहुत बढ़िया किस्म का। कुछ दिन पहले मँगवाया था मैंने।

रोहित : पर पिताजी ! हम इसका क्या करें ?

गिरधारी : तुम लोग इसे सावधानी से अपने पास रखना। ख़राब न होने देना इसे। लौट कर देखूँगा, तुमने इस धान को किस तरह सुरक्षित रखा है ?

मोहित : ठीक है पिता जी !

[गिरधारी उठता है और अपना सामान उठाकर घर से बाहर निकल जाता है। कांता, दोनों बेटे और लड़की उसे दरवाज़े तक छोड़ने आते हैं।]

दृश्य : दो

[स्थान पूर्ववत्]

रोहित : भैया मोहित ! समझ में नहीं आया, पिता जी ने धान की ये थैलियाँ हमें किसलिए दी हैं ?

मोहित : साथ ही यह निर्देश भी दिया है कि इन्हें ख़राब न होने देना। सुरक्षित रखना इन्हें।

रोहित : थैलियों में केवल आधा-आधा किलो धान है। यह तो किसी भी काम में नहीं आ सकता है।

मोहित : हमें काम में लाने की आवश्यकता ही क्या है भैया ? हमें आदेश मिला है कि थैलियों को सँभालकर रखना। पिताजी के आने पर इन थैलियों को लौटा देंगे।

रोहित : पर यह तो कोई समझदारी की बात नहीं लगती मुझे !

मोहित : क्यों नहीं लगती ?

रोहित : चार महीने तक हम आधा-आधा किलो धान सँगवाए रखें, इसमें क्या तो पिता का हित है और क्या हमारा ?

मोहित : तुम बेकार चक्कर में पड़ रहे हो ? जैसा पिता जी ने कहा है, वैसा करो। धान इधर-उधर हो गया तो बहुत नाराज़ होंगे पिता जी लौटकर।

सुधा : *(भाइयों के पास आते हुए)* अजी नहीं, नाराज़ क्यों होंगे। उन्हें तो याद भी नहीं रहेगा कि उन्होंने जाते हुए आधा-किलो धान दिया था।

मोहित : हाँ, तुम ठीक कहती हो। यह इतना कम है कि पिताजी को याद ही नहीं रहेगा कि वह जाते हुए क्या दे गए थे हमें ?

रोहित : तो फिर तू ही बता सुधा, हमें क्या करना चाहिए इस धान का ?

सुधा : करना क्या है ? अगले हफ्ते विवाह करूँगी मैं अपनी गुड़िया का, इनका भात बना लेंगे ?

मोहित : कैसे ?

सुधा : कैसे क्या ? यह दोनों थैलियाँ तुम मुझे दो, मैं कूटछान कर इनका चावल निकाल लेती हूँ। पिता जी कहते थे कि यह बहुत बढ़िया किस्म का धान है। खाने में बहुत मजा आएगा।

मोहित : ऐसा बढ़िया चावल हमने इससे पहले नहीं खाया होगा, सुधा !

सुधा : हाँ, भैया। लगता तो ऐसा ही है। पिता जी कहते थे बहुत दूर से मँगाया है, उन्होंने इस धान को।

कांता : *(बच्चों की ओर आते हुए)* सुन रही हूँ मैं भी तुम लोगों की बातें ! ऐसी मूर्खता का काम मत करना बच्चो !

सुधा : मूर्खता की क्या बात है इसमें ?

कांता : जब तुम्हारे पिता जी ने उन थैलियों को सावधानी से रखने को कहा है, तो तुम्हें उनकी आज्ञा का पालन करना चाहिए।

मोहित : पर माँ, कोई तुक भी है। आधा किलो धान क्या भाड़ फोड़ेंगे ? न खाने के न बोने के। पिता जी तो कभी-कभी ऐसा काम बताते हैं, जिसका कोई अर्थ ही नहीं होता।

कांता : फिर भी मेरी सलाह यही है कि तुम इन थैलियों को सँभाल कर रखो।

[कांता वापस जाती है।]

दृश्य : तीन

[रोहित एक क्यारी में कुछ रोपता हुआ दिखाई देता है ।]

मोहित : क्या कर रहे हो भैया ?

रोहित : धान रोप रहा हूँ क्यारी में ।

मोहित : कैसे बच्चों वाले काम में लगे हो, भैया । क्या प्राप्त होगा तुम्हें ?

रोहित : तुम इसकी चिंता न करो । जो कर रहा हूँ करने दो मुझे ?

मोहित : पिता जी लौटकर बहुत नाराज़ होंगे तुमसे ? अगर उन्हें थैली याद आ गई और वह माँग बैठे तो क्या करोगे ?

रोहित : देखा जाएगा, तुम चिंता न करो इसकी ।

[मोहित उसे क्यारी में काम करता छोड़ वापस चला जाता है ।]

दृश्य : चार

कांता : अरे मोहित ? तुम्हारे पिता जी की चिट्ठी आई है आज । वह शाम तक आ रहे हैं । कहीं जाना नहीं तुम लोग ।

मोहित : ठीक है माँ जी !

कांता : रोहित और सुधा कहाँ हैं ?

मोहित : वह भी यही हैं घर में ।

कांता : उन्हें भी बता दे ।

[मंच पर गिरधारी और उसके साथ परिवार के अन्य सदस्य बैठे दिखाई देते हैं ।]

मोहित : यात्रा कैसी रही पिता जी ?

गिरधारी : बहुत अच्छी बेटे, कोई कष्ट नहीं हुआ यात्रा में !

सुधा : आप मेरे लिए क्या लाए पिता जी ?

गिरधारी : बताता हूँ बेटी ज़रा रुको *(फिर बेटों की ओर देखते हुए)* मैं तुम लोगों को दो थैलियाँ दे गया था । वह कहाँ हैं, लाकर दो मुझे ।

और मोहित तुम तो बिल्कुल बुद्धू निकले

[रोहित और मोहित जाकर लौटते हुए दिखाई देते हैं मोहित। के हाथ में वहां आधे किलो की थैली है जबकि रोहित के सिर पर बहुत बड़ा बोरा है।]

गिरधारी : *(आश्चर्य से)* अरे रोहित! तुमने थैली को बोरे में कैसे बदल दिया?

रोहित : मैंने इन्हें बोया और यह एक बोरा बन गए। अगले वर्ष एक बोरे से पूरा खेत भर जाएगा।

गिरधारी : *(बेटे की कमर थपकते हुए)* शाबाश, इसी विवेक की आशा थी तुमसे। और मोहित तुम तो बिल्कुल बुद्धू निकले। देखो, अपने भाई से तो सीख लो।

❑

खँडहर में भूत

❑

पात्र-परिचय

राजवीर : *एक किशोर*
भगवानदास : *बूढ़ा मुखिया*
गिरधारी : *एक ग्रामीण*
विजयपाल : *ग्रामीण किशोर*
भूत बने कुछ चोर
दरोगा
कुछ ग्रामीण

[गाँव की चौपाल पर कई लोग जमा हैं। बूढ़ा मुखिया भगवानदास बराबर में बैठे गिरधारी को संबोधित करते हुए कहता है।]

भगवानदास : क्यों भाई गिरधारी, तुमने भी कुछ सुना ! गाँव के पश्चिम में जो पुराना खँडहर है, उसमें भूतों ने डेरा जमा लिया है।

गिरधारी : सुना तो मैंने भी है मुखिया। पर देखा आज तक नहीं। तरह-तरह की बातें रोज सुनने को मिलती हैं।

भगवानदास : जब से खँडहर में भूतों ने डेरा डाला है, गाँव में विचित्र घटनाएँ हो रही हैं। रातों-रात घर से कीमती सामान गायब हो जाता है।

गिरधारी : क्यों, क्या तुम्हारी भी कोई चीज भूत उठा ले गए, मुखिया?

भगवानदास : हाँ भाई गिरधारी, पिछले ही दिनों सिलाई मशीन खरीद कर लाया था। वह गायब हो गई।

गिरधारी : ठीक कहते हो मुखिया। किसी के बर्तन, किसी के कपड़े, किसी का रुपया, रोज कुछ-न-कुछ गायब हो जाता है घरों से। सामने का चोर हो तो पकड़ लें, भूतों को कैसे पकड़ेंगे लोग?

भगवानदास : लोग कह रहे थे कि आधी रात के बाद खँडहर से गाने-बजाने की आवाजें आती हैं।

एक व्यक्ति : *(बीच में हस्तक्षेप करते हुए)* मैंने खुद सुनी है मुखिया गाने की आवाज! कल रात की ही बात है। मैं अपने खेत में पानी देकर रात देर से वापस आ रहा था। जब मैं खँडहर के सामने वाले रास्ते पर आया तो अंदर से भजन गाने की आवाज आई। झाँककर देखा तो आदमी कोई दिखाई नहीं दिया। कुछ चिंगारियाँ-सी चमक रही थीं। मैं डर के मारे सरपट भागा वहाँ से।

भगवानदास : भूतों को कैसे भगाया जाय? कुछ उपाय सोचा!

गिरधारी : पंडित ब्रह्मानंद को बुलाने की सलाह हो रही है। ब्रह्मानंद जी पहुँचे हुए महात्मा हैं। वे कुछ यज्ञ आदि करेंगे। हो सकता है....

भगवानदास : कोई गया है उनके पास?

गिरधारी : अभी तो कोई नहीं गया।यही सलाह करने आए हैं आपके पास।

[तभी दो लड़के हाथ में हाथ डाले चौपाल के एक किनारे आकर बैठ जाते हैं। एक की उम्र कोई 15 वर्ष की है और दूसरे की तेरह-चौदह वर्ष की। बड़े बालक का नाम राजवीर है, छोटे का विजयपाल। राजवीर बड़ों की बात ध्यानपूर्वक सुनकर वार्तालाप में शामिल हो जाता है।]

राजवीर : *(मुखिया की ओर देखते हुए)* मुझे तो नहीं लगता बाबा जी कि

खँडहर में भूत आ गए हैं और वे घरों में चोरियाँ भी कर रहे हैं।

भगवानदास : क्यों नहीं लगता ? लड़के, तूने सुना नहीं कि भूत अगर किसी व्यक्ति के वश में हो तो आदेश मिलने पर हलवाई की दुकान से मिठाई भी उठा लाते हैं।

राजवीर : तब तो खँडहर वाले भूत भी किसी आदमी के वश में होंगे। उसी के आदेश पर वे घरों से सामान गायब कर रहे हैं ?

विजयपाल : वर्ना भूतों को रुपये-पैसे या बर्तनों की क्या आवश्यकता हो सकती है ?

राजवीर : बात तो तुम ठीक कहते हो विजय। पर मुझे तो भूतों की बात पर विश्वास ही नहीं है। ये सब घटनाएँ मनगढ़ंत-सी लगती हैं मुझे।

भगवानदास : ओं राजवीर, शहर जाकर तो तेरी बुद्धि ही पलट गई है। चार अक्षर क्या सीख लिए, बड़े-बूढ़ों के तजुर्बों को भी झुठलाने लगा।

एक व्यक्ति : लेकिन राजू, खँडहर से गाने-बजाने की आवाजें आती हैं। तब वहाँ कौन होता है ? गाँव के लोग तो होते नहीं। उस समय खँडहर में आकर कोई गाना-बजाना क्यों करेगा ?

भगवानदास : हाँ जी, हो न हो वे भूत ही हैं।

राजवीर : लेकिन भूतों को आधी रात खँडहर में गाने की क्या जरूरत होती होगी ?

गिरधारी : भगवान जाने, पर आदमी तो वे होते नहीं, भूत ही होते होंगे।

एक व्यक्ति : फिर कई लोगों ने यह भी देखा है कि गाने-बजाने की जगह चिंगारियाँ-सी जलती रहती हैं। लोगों का कहना है कि भूतों की आँखें चिंगारियों की तरह चमकती हैं।

राजवीर : मैं यह भी नहीं मानता। हो सकता है, वे आदमी ही हों और बीड़ी-सिगरेट पी रहे हों। देखने वालों ने उन्हें चिंगारियाँ समझा हो।

भगवानदास : तुम नहीं मानते राजू तो मत मानो ! गाँव वाले महाराज ब्रह्मानंद जी को बुला रहे हैं। यज्ञ-आदि के बाद ही संकट दूर होगा गाँव का।

राजवीर : बाबा जी, मैं यज्ञ या पूजा के विरुद्ध नहीं। पर खँडहर में भूत हैं यह मैं नहीं मानता।

दृश्य : दो

[मंच पर राजवीर तथा विजयपाल खड़े दिखाई देते है । दोनों आपस में बात कर रहे हैं ।]

राजवीर : यार, आज रात खँडहर में जाकर देखें। कौन गाना-बजाना करता है वहाँ। अगर भूत होते हैं तो देखें कैसे होते हैं?

विजयपाल : ना भाई राजू! मेरे बस का यह काम नहीं है। किसी भूत ने मुझे पकड़ लिया तो क्या होगा?

राजवीर : क्यों, मार डालेगा बगैर किसी बात के?

विजयपाल : भूतों का क्या भरोसा, विजय भैया! वे क्रोध में आ गए तो हमारी खैर नहीं।

राजवीर : तुम डरो मत विजयपाल। हम उन्हें चुपके से देखकर लौट आएँगे। पता भी नहीं चलेगा उन्हें?

विजयपाल : वह कैसे?

राजवीर : हम आधी रात से पहले ही खँडहर की पिछली दीवार से सटकर बैठ जाएँगे। उसकी टूटी दीवार की एक ईंट निकालकर उसमे देखने के लिए सूराख बना लेंगे। जब भूत आएँगे तो हम चुपचाप उनको देखते रहेंगे। यह देखकर हम धीरे से लौट आएँगे।

विजयपाल : लेकिन रात के अँधेरे में हम उन्हें देखेंगे कैसे?

राजवीर : इन दिनों तो चाँदनी रात है विजय! सब कुछ साफ-साफ दिखाई दे जाएगा, उस दीवार की ओट से।

विजयपाल : पर मुझे तो डर लगता है राजू भैया। कहीं कुछ हो गया तो क्या होगा?

राजवीर : कुछ भी नहीं होगा विजय, तुम डरो नहीं। रात को जब घर के सब लोग सो जाएँगे तो मैं तुम्हारे पास आऊँगा और फिर हम साथ-साथ खँडहर की तरफ चलेंगे।

विजयपाल : लेकिन दीवार में सूराख कब करोगे तुम?

राजवीर : वह मैं पहले ही कर आऊँगा।

दृश्य : तीन

[रात का समय है। दोनों बालक खँडहर की टूटी-फूटी दीवार से सटकर बैठे हैं। चारों ओर सन्नाटा है। खँडहर में हलकी-हलकी चाँदनी फैली हुई है।]

विजयपाल : अभी तो यहाँ कोई भूत-ऊत नहीं आया?

राजवीर : जरा धीरे बोलो। रात में आवाज दूर तक जाती है।

विजयपाल : क्या टाइम हो गया होगा, इस समय?

राजवीर : *(घड़ी देखते हुए)* 12 बजकर 25 मिनट हुए हैं अभी। बस अब भूतों का गिरोह आता ही होगा, खँडहर में।

[विजयपाल सूराख़ से भीतर झाँककर देखता है और सहम कर राजवीर को बताता है।]

विजयपाल : देखो, कुछ परछाइयाँ-सी चमक रही हैं खँडहर के भीतर आती हुई।

राजवीर : *(जिज्ञासापूर्वक सूराख़ में से झाँकते हुए)* हाँ, भूत आ गए। अब देखते जाओ ये क्या करते हैं?

एक भूत : आज तो ग्राम प्रधान के घर से अच्छा माल हाथ आ गया।

दूसरा : और किस्मत से किसी घर वाले की आँख भी नहीं खुली। सब लोग सोते रहे।

तीसरा : बेकार की बात करके समय खराब मत करो। भजन वाला टेप बजाओ ताकि गाँव वाले समझें कि खँडहर में आरंभ हो गया है भूतों का कार्यक्रम?

पहला : माल का बँटवारा तो कर लो भाइयो!

दूसरा : माल का बँटवारा तो हो जाएगा। पर अब आगे की तो सोचो। हम इस गाँव के तो बहुत-से घरों पर हाथ साफ कर चुके हैं! अब कोई धनी घर तो रहा नहीं है यहाँ। कहीं और चला जाय।

पहला : अब पास वाले गाँव को निशाना बनाएँगे!

तीसरा : हाँ यह ठीक रहेगा। गाँव वाले किसी साधु-महात्मा को बुलाकर पूजा-पाठ करा रहे हैं। वे यही समझेंगे कि खँडहर में भूत थे और

वह महात्मा जी के चमत्कार से खँडहर छोड़कर चले गए। लोगों का अंधविश्वास बना रहेगा, इस प्रकार।

पहला : तुम ठीक कहते हो। अगले गाँव में जाकर किसी और खँडकर या बाग आदि को अपना अड्डा बनाएँगे हम।

दूसरा : तो यह तय रहा कि जिस दिन गाँव में यज्ञ होगा, उसके अगले दिन हम ठिकाना बदल लेंगे। इस तरह भूतों पर लोगों का विश्वास और पक्का हो जाएगा।

तीसरा : ठीक है। अब जरा एक-एक सिगरेट जलाओ। आराम से बैठकर पिएँ और माल का बँटवारा कर लें।

पहला : भजन का टेप तो चढ़ा दो ताकि गाँव वाले समझें भूत खँडहर में आ गए।

[टेप से भजन की मधुर आवाज़ निकलने लगती है।]

राजवीर : *(विजयपाल का हाथ दबाते हुए)* विजयपाल, चलो यहाँ से भाग लें अब।

विजयपाल : हाँ, चलो जल्दी खिसक लें।

[दोनों तेज़-तेज़ क़दमों से वापस आते दिखाई देते हैं।]

राजवीर : देखा तुमने विजय! गाँव के लोग जिन्हें भूत मान रहे थे, वे तो पक्के चोर निकले और चोर भी बहुत चालाक।

विजयपाल : हाँ, अगर तुम साहस न करते तो यह रहस्य कभी न खुलता।

राजवीर : साहस के बिना कोई समस्या हल नहीं होती विजय! बुद्धि और साहस ही सफलता की कुंजी है।

विजयपाल : भूतों का रहस्य तो खुल गया। अब आगे क्या करना है राजू?

राजवीर : मुखिया को कुछ नहीं बताना है अभी। वह शायद विश्वास नहीं करेंगे।

विजयपाल : फिर क्या करना है?

राजवीर : सुबह होते ही पुलिस स्टेशन जाएँगे और इस सारी घटना की सूचना पुलिस को देंगे ।

विजयपाल : ठीक है। मैं भी चलूँगा, तुम्हारे साथ।

ऐसे ही वीर बालकों की आवश्यकता है देश को।

दृश्य : चार

[मंच पर पुलिस दरोगा और कुछ सिपाही हाथों में शस्त्र लिए खड़े दिखाई देते हैं।]

दरोगा : *(मुखिया से)* खँडहर से भूतों को पकड़ने आए हैं हम !

भगवानदास : भूतों को ? कैसी बात कर रहे हो दरोगा जी, कहीं भूत भी पकड़े जाते होंगे।

दरोगा : जरूर पकड़े जाएँगे। तुम लोग हमारा साथ दो।

भगवानदास : आज तक तो सुना नहीं कि पुलिस ने कभी भूतों को पकड़ा है।

दरोगा : कभी नहीं सुना तो अब सुन लेना।

दृश्य : पाँच

[आधी रात के समय पुलिस ने गाँव वालों की सहायता से खँडहर के पास मोर्चा जमा लिया। भूत आए और रिकार्ड बजने लगा।]

दरोगा : *(चेतावनी देते हुए)* तुम जो भी हो, भागने की कोशिश मत करना, वर्ना गोली से मार दिए जाओगे। जो हथियार तुम्हारे पास हों नीचे डाल दो।

[भागने की आवाज़ आती है। पुलिस के सिपाही उन्हें चारों ओर से घेर लेते हैं। तीनों चोर पकड़े जाते हैं।]

दरोगा : *(राजवीर और विजय की कमर थपथपाते हुए)* बड़े साहस का काम किया है तुम बच्चों ने। गाँव के सामने भूतों का रहस्य खोल दिया। अपराधियों को पकड़वाने में पुलिस की मदद की ! पुलिस जल्दी ही तुम दोनों को पुरस्कृत करेगी। ऐसे ही वीर बालकों की आवश्यकता है देश को।

चिराग़ वाले बाबा

❑

पात्र-परिचय

सुभाष
अमित
महमूद
राजवीर
चारों मित्र
चिराग़ वाले बाबा

[तीन किशोर मंच पर खड़े हैं। तभी अमित उनकी ओर आता है। चारों आपस में बातचीत कर रहे हैं।]

सुभाष : क्यों अमित ! इस साल गर्मी की छुट्टी में क्या प्रोग्राम है तुम्हारा ?

अमित : मैं तो पिछले साल अपने चाचा के गाँव चला गया था। इस बार भी वहीं जाने का इरादा है। तुम कहाँ जा रहे हो सुभाष ?

सुभाष : हम तो इस बार आगरा का प्रोग्राम बना रहे हैं।

महमूद : इतनी तेज़ गर्मी में आगरा? क्या पागल हुए हो?

राजवीर : पागल न होता तो आगरा काहे को जाता यह?

सुभाष : अरे बेवकूफो! वहाँ पागलखाना ही नहीं, ताजमहल भी तो है, ताजमहल।

महमूद : ताजमहल देखने का आनंद तो चाँदनी रात में है। चाँदनी रात में तो ताज की छटा ही निराली होती है।

अमित : हम तो वहाँ दो साल पहले गए थे।

राजवीर : *(व्यंग्य करते हुए)* अब यह शहर से गाँव की ओर जाने लगे हैं, उलटे बाँस बरेली को।

सुभाष : तुम ठीक कहते हो, जब लोग गाँव से शहर की तरफ भाग रहे हैं तो यह भाग रहे हैं शहर से गाँव की ओर।

अमित : यार जो आनंद गाँव में है, वह शहर में कहाँ? तुमने शायद गाँव देखा ही नहीं है अभी।

महमूद : क्या मज़ा है गाँव में, कुछ बताओ हमें भी।

अमित : गाँवों में प्रकृति इतनी खुली-खुली है कि तुम सोच ही नहीं सकते। घास के हरे-भरे मैदान, धीरे-धीरे बहती नदी, भोर में चलने वाली ठंडी-ठंडी हवा, पपीहे की हूक, सीधे-सादे और प्रेमी लोग, ऐसी शांति कि तुम जिसकी कल्पना ही नहीं कर सकते शहर में।

सुभाष : तुम तो कविता करने लगे अमित?

अमित : नहीं, यह कविता नहीं है, सच्चाई है। मैं तो सोचता हूँ, बड़ा होकर जब मैं डाक्टर बनूँगा तो किसी गाँव ही में बनाऊँगा अपना क्लीनिक।

राजवीर : गाँव में जाके बसेगा, तो मारा जाएगा बच्चू!

अमित : क्यों! मारा जाऊँगा?

राजवीर : वहाँ, कमाई करने को पैसा कहाँ है?

अमित : पर कमाई ही तो सब कुछ नहीं होती राजवीर! यह तो मैं भी मानता हूँ कि गाँव में गरीबी है, दरिद्रता है, पैसा नहीं है, लेकिन मेरा उद्देश्य पैसा कमाना है भी नहीं। निस्वार्थ सेवा करूँगा लोगों की, तब मुझे बहुत अच्छा लगेगा।

महमूद : देखा जाएगा यार। छोड़ो, बरसात आने के पहले घड़े मत फोड़ो।

अमित : अरे सोचने में क्या बुराई है, सोचेंगे नहीं, लक्ष्य नहीं बनाएँगे, तो उस तरफ़ बढ़ेंगे कैसे ?

राजवीर : अच्छा यह बात ? क्या नाम है तेरे गाँव का ?

अमित : गाँव मेरा नहीं, मेरे चाचा का भी नहीं, वह तो सभी गाँव वालों का है, नाम है, रतनपुर नसीब ।

राजवीर : *(आश्चर्य से)* रतनपुर नसीब ? क्या मतलब ?

सुभाष : वाकई यह तो बहुत कमाल का नाम है अमित, आधा हिंदू आधा मुसलमान !

महमूद : हाँ सच, बड़ा मज़ेदार नाम है इस गाँव का, रतन भी और नसीब भी । रतनपुर नसीब !

अमित : आज के माहौल में रहकर हमें ऐसे नामों पर आश्चर्य होता है, पहले किसी को नहीं होता था ।

सुभाष : लेकिन अमित गाँव का यह नाम किसने रखा होगा और क्यों रखा होगा ?

अमित : मेरे चाचा बताते थे रतनलाल और नसीब खाँ नाम के दो मित्रों ने किसी जागीरदार से यह गाँव साझे में खरीदा था । बहुत पहले की बात है, तब से इसका नाम रतनपुर नसीब पड़ गया ।

महमूद : कैसे जिगरी दोस्त रहे होंगे वे !

सुभाष : पहले ऐसे ही दोस्त हुआ करते थे, महमूद । जान दे देते थे एक-दूसरे पर ।

अमित : अब यही देखो, साझे में मित्रों ने गाँव खरीदा, न कोई बँटवारा हुआ, न धर्म-जाति आड़े आई और उसका मिला-जुला नाम प्रचलित है, रतनपुर नसीब !

राजवीर : बात तो तुम ठीक कहते हो अमित ! अगर वे दोनों दोस्त धर्म और ज़ाति के नाम पर लड़ गए होते तो आज एक गाँव की जगह दो गाँव होते, रतनपुर अलग और नसीबपुर अलग ।

अमित : और शायद तब वहाँ उतना प्रेम भी नहीं होता, जो अब है ? कोई सोचता ही नहीं है, धर्मों के और जातियों के बारे में ।

महमूद : जब यहाँ शहर में दंगे-फिसाद होते हैं तब वहाँ के लोग क्या सोचते हैं अमित ?

अमित : शहर वालों को मूर्ख मानते हैं वे। समझते हैं हम शहरी राजनीति करने वालों के चक्कर में आकर लड़ बैठते हैं, आपस में

महमूद : बात तो वे ठीक ही कहते हैं अमित !

अमित : भई, मेरा तो बहुत मन लगता है, जब भी अपने चाचा के गाँव जाता हूँ।

राजवीर : क्या करते हैं तुम्हारे चाचा ?

अमित : खेती के अलावा एक छोटी-सी दुकान भी है, जरूरी चीजों की।

सुभाष : तुम पिछले साल कितने दिन रह कर आए थे वहाँ ?

अमित : पूरे पंद्रह दिन रहा था। बड़ा मजा आया ?

राजवीर : कहाँ-कहाँ घूमे ? क्या-क्या देखा ?

अमित : घूमा तो हर जगह, जंगल में, बस्ती में, खेतों में, खलिहानों में, पर एक चीज बहुत मजे की देखी।

महमूद : वह क्या ?

अमित : यार, वहाँ एक बूढ़ा भिखारी आया करता था रात के समय।

सुभाष : भिखारी तो हर जगह आते हैं यार। इसमें मजे की क्या बात है ?

अमित : अरे ! तुम सुनते तो हो नहीं। वह दूसरे भिखरियों जैसा नहीं था।

राजवीर : फिर क्या सुर्खाब के पंख लगे थे उसमें।

अमित : *(उकताते हुए)* नहीं भई, नहीं। बड़ा ही विचित्र भिखारी था वह। गाँव वाले उसे चिराग़ वाला बाबा कहकर पुकारते थे।

महमूद : चिराग़ वाले बाबा ! अच्छा, पर यह नाम क्यों पड़ा होगा उसका ?

अमित : बताता हूँ। एक दिन क्या हुआ, दरवाजे पर एक आवाज आई किसी भिखारी की। चाची ने मुझसे कहा, जा अमित थोड़ा-सा आटा दे-दे चिराग़ वाले बाबा को ?

सुभाष : रात का समय था या दिन का।

अमित : रात का, चिराग़ वाले बाबा रात ही में भिक्षा लेने निकलते थे। हाँ तो जब मैं थाल में आटा लेकर दरवाजे पर आया तो यह देखकर चकित रह गया कि बाबा अपने हाथ में एक चिराग़ थामे हुए हैं और उनके कंधे पर भिक्षा के लिए झोली पड़ी है।

महमूद : चिराग़ का वह क्या करते थे अमित ?

अमित : यही तो चक्कर है। वह तो जन्म के अंधे थे। कुछ भी दिखाई नहीं देता था, उन्हें।

सुभाष : तब जलता हुआ चिराग़ रखने की क्या जरूरत थी उन्हें !

अमित : हाँ, यही तो मैंने भी सोचा था तब ?

राजवीर : फिर क्या हल निकला इस पहेली का ?

अमित : मैंने बाबा से पूछा, 'बाबा ! तुम्हें कुछ दिखाई देता है ?' उन्होंने बताया था कि वह कुछ नहीं देख पाते हैं। माँ के पेट से अंधे पैदा हुए थे। उन्होंने कुछ भी नहीं देखा है अपनी आँखों से आज तक। बाबा के मुँह से यह सुनकर एकदम सवाल किया मैंने। 'क्यों बाबा ! तुम्हें दिखाई नहीं देता तो यह चिराग़ लिए क्यों घूमते हो तुम !'

महमूद : फिर क्या उत्तर दिया उन्होंने ?

अमित : बोले ! तुम कहीं बाहर से आए हो ? मैंने कहा, हाँ शहर से। वहाँ पढ़ता हूँ मैं। मेरी बात सुनकर बाबा ने कहा कि जब तुम शहर से आए हो और स्कूल में पढ़ते हो तो समझदार भी होगे, इसीलिए तुम्हीं सोचकर बताओ कि मैं अंधा होने के बावजूद हाथ में चिराग़ लेकर क्यों घूमता हूँ ?

राजवीर : फिर तुमने क्या बताया उन्हें ?

अमित : क्या बताता ? मेरी समझ में आया ही नहीं, यह रहस्य !

सुभाष : उस गाँव में क्या बिजली नहीं पहुँची है अब तक ?

अमित : नहीं खंभे लग गए हैं, तार खिंच गए हैं, पर बिजली अभी नहीं आई है।

महमूद : बिजली का उत्पादन ही कम है, शहर वालों को नहीं मिल पा रही है, गाँव तो फिर गाँव है।

राजवीर : तो क्या अभी सड़क भी नहीं बनी है वहाँ ?

अमित : नहीं ! सड़क बन गई है। बस बिजली नहीं आई। इसलिए रात शुरू होते ही घोर अंधकार छा जाता है ?

महमूद : तब तो बड़ा डर लगता होगा अमित वहाँ ?

अमित : नहीं, डर नहीं लगता ? डर तो बिलकुल नहीं लगता। बच्चे सड़कों पर देर रात तक कबड्डी खेलते रहते हैं, आँख-मिचौली खेलते रहते

हैं। बड़े अपनी चौपालों और बैठकों पर आधी-आधी रात तक बतियाते रहते हैं।

सुभाष : जंगल में गीदड़ बोलने शुरू हो जाते होंगे, रात होते ही।

अमित : हाँ पर गीदड़ों की 'हुआ हू' से डर नहीं लगता किसी को, छोटे-छोटे बच्चे भी नहीं डरते हैं गाँव के।

महमूद : *(आश्चर्य से)* क्यों, क्या बहुत बहादुर होते हैं वहाँ के बच्चे !

अमित : बात बहादुरी की नहीं है महमूद ! मामला यह है कि गाँव में आदमी और जानवर सब एक परिवार की भाँति रहते हैं। जानवरों से अलग होकर तो गाँव का जीवन पूर्ण ही नहीं होता है महमूद !

सुभाष : हाँ तो अमित ! तुम उस चिराग़ वाले बाबा की बात बताओ, आगे क्या हुआ था ?

अमित : मैं भिक्षा देकर लौटा तो चाची बोली, फ़क़ीरों से ज़्यादा बहस करना ठीक नहीं होता है बेटे ! तब मैंने चाची को बताया कि मैं बहस नहीं कर रहा था बस यह पूछ रहा था कि जब बाबा तुम्हें कुछ दिखाई नहीं देता तो हाथ में चिराग़ लिए क्यों घूमा करते हो, तुम !

सुभाष : फिर क्या जवाब दिया चाची ने ?

अमित : चाची बोली, तुमसे बाबा ने कहा है, तुम्हीं सोचकर बताओ कि वह अंधे होकर चिराग़ क्यों लिए फिरते हैं ?

महमूद : फिर तुमने क्या सोचा अमित ?

अमित : कुछ नहीं, फिर मैं लौट के यहाँ आ गया।

सुभाष : अब कब जा रहे हो गाँव ?

अमित : परसों।

महमूद : चलो, अब के मैं भी चलता हूँ तुम्हारे साथ !

अमित : जरूर-जरूर, चलो, बड़ा मज़ा आएगा।

[सब हँसते हैं।]

यह चिराग़ तुम जैसे दूसरे लोगों के लिए है।

दृश्य : दो

[रात के समय गाँव का दृश्य दिखाई देता है। द्वार पर एक भिखारी लंबा काला कुर्ता पहने हुए एक हाथ में चिराग़ लिए और दूसरे हाथ से लोहे के बड़े-से चिमटे को बजाते हुए आवाज़ लगा रहा है।]

भिक्षुक : 'ऐ अल्लाह के प्यारे तेरी बस्ती में बोलते साइयाँ?'

[अमित और महमूद दौड़कर भिक्षा देने के लिए दरवाज़े पर पहुँचते हैं।]

अमित : लो बाबा।

[भिखारी अपनी झोली आगे सरका देता है।]

भिक्षुक : बाहर से कब आए हो बेटे?

अमित : कल आया हूँ बाबा!

भिक्षुक : अच्छा खुश रहो। फूलो, फलो, बड़े आदमी बनो।

अमित : लेकिन बाबा! तुमने यह तो बताया ही नहीं कि तुम अपने हाथों में चिराग़ क्यों लिए रहते हो?

भिक्षुक : तुम्हारी समझ में कुछ नहीं आया बच्चे?

अमित : नहीं! जब इसका प्रकाश आप देख ही नहीं सकते तो इसे रखने का फ़ायदा?

भिक्षुक : *(गंभीर ठहाका लगाकर)* मेरे बेटे! मैं यह चिराग़ अपने लिए नहीं, तुम और तुम जैसे दूसरे लोगों के लिए रखता हूँ। *(एक क्षण रुकता है फिर कहता है)* क्या चाँद और सूरज बनाने वाले भगवान को ज़रूरत है, उनकी रोशनी की? क्या उनकी रोशनी ख़ुद उनके लिए ही होती है?

महमूद : नहीं बाबा! वह रोशनी तो हम सबके लिए है, दुनिया वालों के लिए।

भिक्षुक : बिलकुल ठीक बेटे, बिलकुल ठीक। चाँद और सूरज की रोशनी हम सबके लिए है ताकि हम रोशनी में सही रास्ते पर चल सकें, भटकें नहीं, टकराएँ नहीं।

अमित : तो क्या आप भी दीपक इसीलिए अपने साथ रखते हैं?

भिक्षुक : हाँ! मैं भी यह चिराग़ इसीलिए हाथ में लिए रहता हूँ ताकि दूर से देखकर लोग समझ जाएँ और अँधेरे में कोई मुझसे टकराए नहीं। और हाँ बेटे, एक बात याद रखो, रोशनी चाहे चिराग़ की हो या बुद्धि की, जितना वह दूसरों को रास्ता दिखाने में काम आएगी, उतनी ही महान् होगी।

❑

मृत्युदंड

❑

पात्र-परिचय

संजय : *अभय का पुत्र (अवस्था 12 वर्ष)*
अभय : *संजय का पिता*
शोभा : *संजय की माता*
महमूद : *एक आतंकवादी गुट का सदस्य*
जज
वकील
सरकारी वकील

[सामने एक छोटे-से घर का दृश्य है, जिसमें अभय सक्सेना, उनकी पत्नी शोभा सक्सेना तथा 12 वर्षीय किशोर संजय सक्सेना आपस में बात कर रहे हैं। सुबह के लगभग 9 बजे हैं। अभय दवाइयों की एक फर्म में विक्रय प्रतिनिधि है। शोभा घरेलू महिला है लेकिन शिक्षित है। अचानक हॉकर की आवाज़ आती है।]

हॉकर : अख़बार !

संजय : *(अख़बार लाते हुए)* पापा, मुखपृष्ठ पर उस आतंकवादी का फ़ोटो छपा है।

अभय : किसका ?

संजय : महमूद मलिक का।

अभय : उसकी तो सुप्रीम कोर्ट में आज अंतिम सुनवाई होने वाली है ?

शोभा : अच्छा-खासा मर रहा था पर सरकार ने उसे मरने भी नहीं दिया।

अभय : यही तो अपनी याचिका में कहा था उसने सुप्रीम कोर्ट से ?

संजय : क्या कहा था, पापा !

अभय : उसने कहा था, जब मैं अपने सारे अपराध कबूल कर चुका हूँ तब मुझे स्वाभाविक मौत क्यों नहीं मरने दिया गया ?

शोभा : उसे तो हार्टअटैक हुआ था न ।

अभय : हाँ, और सरकार को इलाज के लिए उसे विदेश भेजना पड़ा।

शोभा : लाखों रुपये ख़र्च करके उसे बचाया है सरकार ने।

संजय : बचाया कहाँ है मम्मी ! उसे तो सरकार फिर फाँसी पर चढ़ाने वाली है।

अभय : यही बात तो मज़े की है। महमूद मलिक का कहना भी तो यही है कि जब उसका अंत मौत ही था, तो भारी रक़म ख़र्च करके उसे बचाया क्यों गया ? वह अपनी मौत मर रहा था तो मर जाने देते।

संजय : उसे पुलिस ने कहाँ से पकड़ा था, पापा जी !

अभय : बारामूला के निकट एक सुनसान जगह से।

संजय : कहते हैं कि वह पढ़ा-लिखा नौजवान है ?

अभय : हाँ, वह एम०एस-सी० पास है।

संजय : पर पापा ! ऐसे पढ़े-लिखे नौजवान आतंकवादी क्यों बन जाते हैं ? जैसे महमूद मलिक बन गया ?

अभय : यही तो विडंबना है बेटे ! कई नौजवान गुमराह हो जाते हैं, भटक जाते हैं रास्ते से।

संजय : कौन भटका देता है पापा जी उन्हें।

अभय : कभी उनकी अपनी ग़लत धारणाएँ, कभी शत्रु-देश के षड्यंत्रकारी तत्त्व !

[शोभा ट्रे में नाश्ता ले आती है और तीनों साथ-साथ नाश्ता करने लगते हैं। अभय नाश्ते के साथ अख़बार की सुर्ख़ियों पर नज़र डालता जाता है।]

शोभा : *(पति को संबोधित करते हुए)* आज आपको टूर पर नहीं जाना है क्या?

अभय : *(प्यार से)* नहीं शोभा, आज के दिन रैस्ट है! कल पश्चिम उत्तर प्रदेश के दौरे पर निकलूँगा। कई ज़िलों में जाना है। हफ़्ते-भर का टूर है कम से कम।

शोभा : संजय के स्कूल की भी छुट्टी है आज।

अभय : संजय का स्कूल क्यों बंद है?

संजय : प्रिंसिपल के किसी संबंधी का देहांत हो गया है, पापा।

अभय : तो आज घर के सब लोग मौज़-मस्ती करेंगे।

शोभा : तो क्यों न आउटिंग का प्रोग्राम बना लें?

अभय : लेकिन जाएँगे कहाँ? सब कुछ तो घूमा हुआ है!

शोभा : चलो गांधी समाधि चलें।

संजय : नहीं पापा, चलिए सुप्रीम कोर्ट चलते हैं। अंतिम कार्यवाही देखेंगे महमूद मलिक के मुक़दमे की।

अभय : लेकिन बेटे तुम्हें महमूद मलिक के मामले में इतनी रुचि क्यों है? वह तो देशद्रोही है, पक्का देशद्रोही।

संजय : देशद्रोही तो है पर जानकारी रखने में क्या डर है पापा!

अभय : जानकारी तो हम यहीं दिए देते हैं बेटा।

शोभा : इसे तो सब मालूम है जी, बस अदालत में जाकर उसे देखना चाहता होगा यह!

अभय : क्यों संजय? महमूद मलिक का फ़ोटो तो अख़बार में छपा है। क्या इतना काफ़ी नहीं तुम्हारे लिए?

संजय : ज़िंदा आदमी और फ़ोटो में तो अंतर होता है पापा।

अभय : तुम जानते हो बेटे, सत्तर से अधिक हत्याएँ की हैं उसने, गिरफ़्तारी से पहले तक। अपहरण के कितने ही मामले उसके ख़िलाफ़ हैं। कई मामलों में उसने फिरौती में भारी धन वसूल किया था।

संजय : आदमी को आदमी कैसे मार देता है पापा? कुत्ते की हत्या कुत्ता तो

नहीं करता कभी।

अभय : हत्या करने वाला आदमी तो रह नहीं जाता बेटे, वह तो राक्षस बन जाता है, राक्षस।

शोभा : महमूद मलिक भी तो राक्षस ही बन गया था बेटे। उसने सत्तर से ज़्यादा आदमियों को मार डाला। जिस पुलिस-मुठभेड़ में उसे गिरफ़्तार किया गया है, उसमें उसके अन्य साथी भी शामिल थे। तीन साथी घटना-स्थल पर ही मारे गए थे। शेष भाग निकले थे।

अभय : मौक़े से भारी मात्रा में गोला-बारूद और दूसरे घातक हथियार बरामद हुए थे तब!

संजय : ये आतंकवादी लोग क्या चाहते हैं, मम्मी?

शोभा : ये कश्मीर को भारत से अलग करना चाहते हैं बेटे!

संजय : पर क्यों? क्या हत्याएँ करने से ऐसा हो जाएगा?

अभय : कभी नहीं होगा, कभी नहीं होगा। यही बात तो उनकी समझ में नहीं आ रही है, अभी।

शोभा : आए कैसे? भड़काने वाले भी बहुत हैं।

अभय : आ जाएगी एक दिन, मुझे पूरा विश्वास है। पूरा विश्वास है मुझे।

संजय : कैसे? क्या आतंकवादी हथियार डाल देंगे पापा!

अभय : हाँ, बेटे ज़रूर। एक दिन वे सीधे रास्ते पर आ जाएँगे। कोई भी लक्ष्य ग़लत साधनों से प्राप्त नहीं हुआ करता है, संजय।

शोभा : तो क्या सोचा आप लोगों ने? कहाँ चलना है आउटिंग के लिए?

संजय : अदालत चलेंगे पापा। देखेंगे, क्या होता है अदालत में?

शोभा : आज तो बहुत भीड़ होगी वहाँ।

संजय : भीड़ तो हर जगह होती है, मम्मी!

अभय : अच्छा चलो चलते हैं? तुम्हारी ही बात माने लेते हैं आज!

[तीनों कपड़े बदलते हैं, तैयार होते हैं। कुछ क्षण बाद अदालत का दृश्य उभरता है। बाहर दर्शकों की भीड़ है। गेट पर दो संतरी रायफलें लिए पहरा दे रहे हैं। अन्य लोगों के साथ-साथ प्रेस के लोग और फ़ोटोग्राफ़र अपने-अपने कैमरे लिए घूम रहे हैं। अभय, शोभा और संजय तीनों अदालत के कमरे में प्रवेश करते हैं। सामने की ऊँची जगह पर तीन जजों का एक पेनल

काले वस्त्र धारण किए कुर्सियों पर बैठा है। नीचे बिछी अगली कुर्सियों पर सरकारी और सफ़ाई पक्ष के वकील हैं। छह हथियारबंद सिपाहियों का एक दल महमूद मलिक को हथकड़ियों में जकड़े अदालत में हाज़िर करता है।]

जज : *(सफ़ाई पक्ष के वकील को संबोधित करते हुए)* मुलजिम महमूद मलिक पुत्र मक़बूल मलिक निवासी बारामूला के मामले में आपको कुछ कहना है!

वकील : उसे फाँसी की सजा हो चुकी है, मी लॉर्ड।

जज : और इस अदालत ने मृत्युदंड की पुष्टि भी कर दी है, फिर आगे?

वकील : मुलजिम को इस पर आपत्ति है।

सरकारी वकील : आपत्ति में कोई दम नहीं है मी लॉर्ड! मुलजिम ने स्वयं स्वीकार किया है कि उसने अपने आतंकवादी जीवन में सत्तर से अधिक निर्दोष व्यक्तियों की हत्या की है। दर्जन-भर से ज़्यादा लोगों का अपहरण किया है, अनेक बिल्डिंगों को बम विस्फोटों से उड़ाया है। रेलों की पटरियाँ उखाड़ी हैं। हथियारों की तस्करी की है। अपने ही राष्ट्र के साथ गद्दारी करने की गतिविधियों में लगा रहा है वह। सीमा पार से भी उसके सूत्र मिल रहे हैं। ऐसे दुर्दांत अपराधी के साथ कोई रियायत नहीं की जानी चाहिए, मी लॉर्ड!

वकील : महमूद मलिक रियायत नहीं माँगता, मी लॉर्ड। उसका कहना है कि उसे दूसरी मौत क्यों दी जा रही है? वह मर रहा था तो उसे मर जाने क्यों नहीं दिया गया!

जज : *(फ़ाइल से अपराधी की अंतिम याचिका निकालते हुए)* पेश किया जाए महमूद मलिक को।

[सिपाही पच्चीस-छब्बीस वर्ष के एक गोरे-चिट्टे नौजवान को लेकर आगे बढ़ते हैं। उसके चेहरे पर छोटी-सी दाढ़ी है। शरीर स्वस्थ है। हाथों और पैरों में ज़ंजीरें पड़ी हैं।]

जज : कहो? क्या कहना चाहते हो, तुम?

महमूद : पिछली 26 जुलाई को तिहाड़ जेल में जबरदस्त हार्टअटैक हुआ था मुझ पर। उसके फ़ौरन बाद बेहोशी की हालत में मुझे मेडिकल

मुझे क्यों बचाया गया मी लार्ड !

इंस्टीट्यूट ले जाया गया। वहाँ डाक्टरों की भरसक कोशिश के बावजूद मेरी हालत में सुधार नहीं हुआ।

जज : लेकिन मुक़दमे का इस घटना से क्या संबंध है, महमूद मलिक !

महमूद : वही तो बता रहा हूँ, वही तो बता रहा हूँ, मी लॉर्ड।

जज : हाँ बताओ। जल्दी बताओ। अदालत के पास ज़्यादा समय नहीं है।

महमूद : जिस समय मुझ पर दिल का दौरा पड़ा था, मी लॉर्ड, उस वक़्त मैं अपना अपराध कबूल कर चुका था, पुलिस के सामने भी और अदालत के सामने भी।

जज : *(महमूद मलिक की याचिका पर नज़र डालते हुए)* हाँ, 26 जुलाई से पहले मुलजिम को मृत्युदंड दिया जा चुका था, यह ठीक है। अब आगे कहो क्या कहना चाहते हो?

महमूद : यहाँ के डाक्टरों ने मुझे लाइलाज घोषित कर दिया था। मैं दो हफ़्ते तक आक्सीजन के सहारे साँस लेता रहा।

जज : फिर तुम कहना क्या चाहते हो?

महमूद : मुझे मृत्युदंड स्वीकार है, पर मैं एक बात जानना चाहता हूँ, मी लॉर्ड।

जज : कहो, कहो !

महमूद : यहाँ के डाक्टरों द्वारा लाइलाज घोषित करने के बाद उच्च सरकारी स्तर पर कई दिनों तक बैठकें चलती रहीं। इलाज कर रहे डाक्टर से स्वास्थ्य मंत्रालय ने विस्तृत रिपोर्ट माँगी। रिपोर्ट में कहा गया था कि रोगी को दिल के आप्रेशन के लिए विदेश भेजा जाए क्योंकि यहाँ पूरी सुविधाएँ नहीं हैं। ऐसी हालत में रोगी के मर जाने की आशंका है।

जज : यह सब तो आन रिकार्ड है। पर तुम कहना क्या चाहते हो?

महमूद : मैं कहना चाहता हूँ मी लॉर्ड, मौत जैसी हालत में मुझे इलाज के लिए अमरीका भेजा गया। वहाँ मेरे आप्रेशन आदि में सरकारी ख़ज़ाने का लाखों रुपया ख़र्च हो गया।

[पूरी अदालत में सन्नाटा छा गया। महमूद मलिक की आवाज़ और ऊँची हो गई।]

महमूद : *(अदालत को संबोधित करते हुए)* मी लॉर्ड। ऐसी हालत में जब मैं

अपना अपराध स्वीकार कर चुका था पुलिस और अदालत को बताने के लिए मेरे पास कुछ नहीं था, मैंने अपने साथियों और उनकें ठौर-ठिकाने भी पुलिस को बता दिए थे, और इतना ही नहीं, बल्कि अदालत से मुझे मृत्युदंड भी दिया जा चुका था, तब हार्टअटैक में मुझे मर जाने क्यों नहीं दिया गया? क्यों नहीं मर जाने दिया गया, मुझे?

[महमूद मलिक की आवाज़ और तेज़ हो जाती है।]

महमूद : सरकार, अदालत और क़ानून सब मेरी मौत चाहते थे। मौत से ज़्यादा तो कुछ नहीं चाहता था कोई। तब मुझे क्यों बचाया गया? मुझे इलाज के लिए विदेश क्यों भेजा गया? इतना पैसा क्यों ख़र्च किया गया मेरे इलाज पर? और अब, जब मुझे मौत के मुँह से निकाल लिया गया है तो फिर मुझे फाँसी क्यों दी जा रही है? क्या मुझे बताया जाएगा, मी लॉर्ड?

[अदालत में बैठे दर्शक टकटकी लगाए मुलज़िम की ओर देख रहे हैं। चारों ओर मौन छाया हुआ है।]

जज : तुम्हें कुछ और कहना है या अपनी बात पूरी कर चुके हो, तुम!

महमूद : मैं अपनी बात का जवाब चाहता हूँ, मी लॉर्ड और कुछ नहीं, मी लॉर्ड।

जज : स्वाभाविक मौत और दंडात्मक मौत में अंतर होता है महमूद मलिक! तुम्हें इतना पैसा ख़र्च करके स्वाभाविक मौत से इसीलिए बचाया गया था कि तुम्हें मृत्युदंड दिया जा सके! और मृत्युदंड इसीलिए ताकि तुम-जैसे दूसरे व्यक्तियों को शिक्षा मिले। क़ानून को तो अपनी तरह काम करना है। समझे?

❑

बच्चों का आंदोलन

❑

पात्र-परिचय

संतोष राणा : छात्र-नेता
महिला : प्रवीन की माँ
ज़िलाधिकारी
सिपाही
चपरासी
कई छात्र

दृश्य : एक

[सरकारी अस्पताल के सामने चौदह-पंद्रह वर्ष के बालकों की भीड़ जमा है। सड़क पर साइकिलें, मोटरें दौड़ रही हैं। सभी बालक एक शव के चारों ओर उदास मुद्रा में खड़े हैं। शव के पास एक युवा महिला शांत आँसुओं से लगातार रो रही है। शव अस्पताल के लॉन में हरी

घास पर रखा है। उस पर एक सफ़ेद चादर ढकी हुई है। मरने वाला कोई तेरह-चौदह वर्ष का किशोर है। तभी तेज़ी से साइकिल चलाता हुआ एक युवक संतोष राणा भीड़ के पास आकर रुकता है।]

संतोष राणा : *(आश्चर्य के साथ)* क्यों मित्रो, यहाँ भीड़ क्यों लगा रखी है तुम लोगों ने ?

एक आवाज़ : तुम्हें नहीं पता क्या हुआ है ?

संतोष राणा : नहीं ! बताओ क्या हुआ ?

दूसरी आवाज़ : प्रवीन को जानते हो ?

संतोष राणा : हाँ, डी०ए०वी० स्कूल में 8 वीं का छात्र। वही ना।

पहली आवाज़ : हाँ-हाँ बिल्कुल वही।

संतोष राणा : वह तो अपना बहुत ही प्यारा साथी है।

दूसरी आवाज़ : हाँ वही, था कहो ?

संतोष राणा : क्यों ? क्या हुआ उसे ?

तीसरी आवाज़ : तुम्हें नहीं मालूम ?

संतोष राणा : नहीं !

पहली आवाज़ : जूनियर छात्र संघ का अध्यक्ष होते हुए भी तुम्हें नहीं मालूम ? आश्चर्य की बात है !

संतोष राणा : अच्छा जल्दी बताओ, क्या बात है ? मैं दो दिन से शहर से बाहर था। अभी-अभी आया हूँ। बताओ क्या हुआ ?

एक आवाज़ : प्रवीन का निधन हो गया। अब वह इस दुनिया में नहीं है।

संतोष राणा : कैसे ? क्या हुआ था उसे ?

आवाज़ : चार दिन पहले मलेरिया हुआ था ! बहुत तेज़ बुखार था। आज सुबह निधन हो गया उसका।

[बच्चों की भीड़ से रास्ता बनाता हुआ संतोष राणा अपने मित्र प्रवीन के शव तक पहुँचता है और शव के पास बैठी उसकी माँ के चरण छूकर शव के चेहरे से चादर उठाकर उसका मुँह देखता है। शव देखकर आवेश में भर जाता है।]

संतोष : यह झूठ है, स्वाभाविक मौत नहीं हुई है प्रवीन की, इसकी हत्या की गई है।

एक आवाज़ : संतोष भैया, तुम ठीक कहते हो?

संतोष : *(बच्चों को शांत करते हुए अस्पताल के बराँडे की पैड़ी पर खड़ा हो जाता है। बच्चों को संबोधित करता है)* तुम जानते हो, साथियो, सरकार पिछले पाँच वर्षों से बढ़चढ़कर यह प्रचार करती आ रही है कि मलेरिया रोग का उन्मूलन हो चुका है। मच्छरों और उनके अंडों को समाप्त कर दिया गया है। पूरे प्रदेश में अब ढूँढे से भी मलेरिया का कोई रोगी दिखाई नहीं देगा? अगर ऐसा है और सरकार के दावे में सच्चाई है, तो प्रवीन की मौत मलेरिया से कैसे हो सकती है? या तो सरकार झूठी है या डाक्टर प्रवीन की बीमारी को समझ नहीं पाए और अंटशंट इलाज करते रहे।

एक छात्र : *(भीड़ में से आगे बढ़कर)* डाक्टरों ने पुष्टि की है कि प्रवीन की मृत्यु मलेरिया से हुई है!

संतोष : *(छात्र की बात ध्यान से सुनते हुए)* तब यह मान लेना होगा कि सरकार का मलेरिया-उन्मूलन का दावा झूठा था। स्वास्थ्य विभाग जनता की आँख में धूल झोंक रहा था।

एक छात्र : *(भीड़ में से संतोष की ओर बढ़ते हुए)* मेरा सुझाव है संतोष भाई! जब तक सरकार मृतक की मौत का दायित्व लेते हुए मुआवजा नहीं देती और इस बात की जाँच कराने का आश्वासन नहीं देती कि प्रवीन की मौत किस बीमारी से हुई है, हम उसकी अर्थी अस्पताल से नहीं उठने देंगे।

संतोष : बिल्कुल-बिल्कुल, तुम ठीक कहते हो?

एक साथ कई आवाज़ें : हम अर्थी नहीं उठने देंगे, हम अर्थी नहीं उठने देंगे।

संतोष : *(ज़ोर से बोलते हुए)* शव को शैया पर रखकर जुलूस निकालना है, जल्दी तैयारी करो।

[एक युवक कंधे पर खाट लेकर आता हुआ दिखाई देता है। महिला रोती हुई संतोष की ओर बढ़ती है।

हमारी माँगें पूरी करो !

उसके बाल बिखरे हैं और आँखें सूजी हुई हैं।]

महिला : *(रुआँसे स्वर में)* बेटे ! बस अब रहने दो, जो हुआ सो हुआ। भगवान की ऐसी ही मरजी थी बेटे ! इसमें किसी का क्या दोष है ?

संतोष : नहीं माता जी ! दोष क्यों नहीं, दोष या तो सरकार का हे या डाक्टर का। चुपचाप सहन नहीं किया जाएगा इसे ?

महिला : नहीं बेटे ! प्रवीन तो अब वापस आने से रहा। शांतिपूर्वक उसका अंतिम संस्कार हो जाए यही ठीक है। इसके पापा बाहर गए हैं। उन्हें ख़बर भिजवानी है।

संतोष : नहीं माता जी ! अंतिम संस्कार तब तक नहीं होगा, जब तक सरकार मुआवज़ा देने और जाँच कराने का आश्वासन नहीं देती।

कई आवाज़ें एक साथ : अंतिम संस्कार नहीं होगा। अंतिम संस्कार नहीं होगा।

महिला : अच्छा इसके पापा को आने दो बच्चो ? तब तक तो शांत रहो !

दृश्य : दो

[बच्चे अनसुनी करते हुए प्रवीन का शव एक छोटी खाट पर रख देते हैं। चार छात्र उसे कंधा देते हुए आगे बढ़ते हैं। सबसे आगे की पंक्ति में संतोष और प्रवीन की माता जी हैं। पीछे-पीछे अन्य बच्चों की भीड़ है।]

संतोष : मलेरिया विभाग झूठा है।

आवाज़ें : झूठा है।

संतोष : प्रवीन की मौत का ?

आवाज़ें : मुआवज़ा दो ?

संतोष : प्रवीन कैसे मरा ?

आवाज़ें : जाँच हो, जाँच हो।

संतोष : जो रोगों को रोक न पाए।

आवाज़ें : वह सरकार निकम्मी है।

संतोष : नेता गाल बजाता है।

आवाज़ें : लाश पे रोती मम्मी है।

[बच्चे सड़क के बीचों-बीच धरना देकर बैठ गए हैं। जुलूस के साथ चल रहे सिपाही मौन हैं। उनके चेहरों से भी मरने वाले छात्र के प्रति सहानुभूति का भाव झलक रहा है। छात्रों के बीचों-बीच बैठ जाने से आवागमन रुक गया है। किंतु पुलिस वाले बच्चों को धरने से उठाते नहीं हैं। एक सिपाही हाथ में डंडा लहराता हुआ संतोष राणा की तरफ़ बढ़ता है।]

सिपाही : ज़िलाधिकारी तुम्हारी शिकायत सुनने के लिए आ रहे हैं। तुम चाहो तो उनसे बात करने के लिए दो-तीन साथी और चुन सकते हो, अपने साथ।

संतोष : ठीक है *(सिपाही लौटकर सड़क के किनारे खड़ा होता है।)*

संतोष : नंदकिशोर, आरिफ़ और पुरुषोत्तम । तुम तीनों मेरे साथ डी०एम० से बात करोगे।

[कुछ क्षण बाद घटनास्थल पर एक कार आकर रुक जाती है। ज़िलाधिकारी कार से बाहर निकलकर बच्चों की तरफ़ बढ़ते हैं। संतोष, आरिफ़ तथा पुरुषोत्तम नमस्कार करते हुए डी०एम० के निकट पहुँच जाते हैं।]

ज़िलाधिकारी : *(गंभीर मुद्रा में)* क्यों बच्चो ! क्या हुआ, क्या चाहते हो तुम लोग ?

संतोष : *(दो क़दम आगे बढ़कर)* हमारे एक साथी की मलेरिया से मौत हुई है, साहब ! जबकि सरकार पिछले पाँच वर्षों से यह प्रचार कर रही है कि मलेरिया का उन्मूलन कर दिया गया है। पूरे प्रदेश में इसका कोई रोगी नहीं है। इस दावे के बाद या तो सरकार झूठी है या डाक्टर ?

ज़िलाधिकारी : *(नम्रता से)* पर यह समस्या सड़क घेरने से तो हल नहीं होगी बच्चो ! देखो दोनों ओर ट्रेफिक रुका खड़ा है। धरना उठालो, भारी दिक्कत हो रही है यात्रियों को।

आरिफ़ : नहीं डी०एम० साहब ! धरना तब तक समाप्त नहीं होगा जब तक मृत्यु की जाँच तथा मुआवज़े का आश्वासन नहीं मिलेगा प्रशासन से !

ज़िलाधिकारी : *(समझाते हुए)* तुम लोग अभी बच्चे हो । तुम्हें इस प्रकार के आंदोलन में नहीं पड़ना चाहिए।

पुरुषोत्तम : अपने अधिकारों और समाज के प्रति अगर बचपन से ही जागरूक नहीं रहेंगे तो आगे चलकर...... ।

संतोष : *(पुरुषोत्तम की बात काटते हुए)* यह कोई राजनीतिक आंदोलन नहीं है डी०एम० साहब ! हम केवल इतना जानना चाहते हैं कि जब मलेरिया जड़ से समाप्त कर दिया गया तो हमारे साथी प्रवीन की मृत्यु इस रोग से कैसे हुई ?

पुरुषोत्तम : और यह भी चाहते हैं कि अगर मृत्यु का कारण मलेरिया ही है तो सरकार अपने ग़लत प्रचार का नुकसान भुगते और मृतक के परिवार को इसका मुआवज़ा दे ।

आरिफ़ : इतना ही नहीं, बल्कि हमारी माँग यह भी है कि अगर डाक्टर ने किसी और बीमारी का इलाज मलेरिया समझकर किया हो, तो इस अज्ञानता के लिए उसे भी दंडित किया जाए ।

संतोष : इसीलिए हमारी माँग है कि प्रवीन की मौत के कारणों की निष्पक्ष जाँच हो ।

[ज़िलाधिकारी ध्यानपूर्वक छात्रों की बात सुनता दिखाई देता है। बच्चों की भीड़ में हलचल-सी मची है। दबी हुई भीड़ बार-बार शोर करती है, हार्न बजाती है, जिसे तैनात पुलिसजन शांत कर देते हैं।]

ज़िलाधिकारी : तुम्हारी बातें सुन लीं, धरना उठा लो । तुम्हारी शर्त पर प्रशासन विचार कर सकता है ।

संतोष : यह नहीं होगा ।

अनेक छात्र : *(ऊँची आवाज़ में)* यह नहीं होगा। वायदा करो, वायदा करो !

नारे लगते हैं : जो रोगों को रोक न पाए
वह सरकार निकम्मी है ।

मृतक को मुआवज़ा दो,
मृतक को मुआवज़ा दो।

ज़िलाधिकारी : *(शोर के बीच हाथ उठाते हुए)* प्रशासन मुख्य चिकित्सा अधिकारी के नेतृत्व में दो चिकित्सा-विशेषज्ञों की टीम के सामने मृतक का पोस्टमार्टम कराने के लिए तैयार है। यदि यह सिद्ध हो जाता है कि मृतक की मौत का कारण मलेरिया ही है तो प्रशासन स्वास्थ्य विभाग द्वारा मुआवज़ा देने की सिफ़ारिश करेगा।

आवाज़ें : ठीक है, ठीक है।

संतोष : लेकिन रिपोर्ट कब मिलेगी? यह बताया जाए।

ज़िलाधिकारी : कल तक।

दृश्य : तीन

संतोष : *(अपने तीन अन्य साथियों-सहित ज़िलाधिकारी के कार्यालय के सम्मुख खड़े चपरासी से)* क्यों भाई डी०एम० साहब हैं?

चपरासी : हाँ हैं, बोलो क्या काम है?

संतोष : *(चिट पर अपना नाम लिखकर देता है।)* जाओ, यह चिट दो साहब को।

[चपरासी भीतर जाता है और लौटकर संतोष और उसके अन्य साथियों को भीतर जाने का इशारा करता है।]

ज़िलाधिकारी : हाँ तो तुम आ गए। ठीक समय पर आए? अभी-अभी मेडिकल रिपोर्ट आई है।

[फ़ाइल के भीतर से रिपोर्ट निकालकर उस पर नज़रें जमा देता है।]

संतोष : क्या रिपोर्ट आई है साहब!

ज़िलाधिकारी : रिपोर्ट तुम्हारी माँगों का समर्थन नहीं करती। डाक्टरों के पैनल ने साफ़-साफ़ लिखा है कि रोगी अकेले मलेरिया से नहीं, बल्कि मलेरिया और टाइफाइड के एक साथ हुए हमलों के कारण मरा है।

संतोष : तब तो हमारी माँग माननी चाहिए साहब !

ज़िलाधिकारी : *(गंभीरतापूर्वक)* तुम मलेरिया को कहते थे, पर मौत का कारण अकेला मलेरिया नहीं, टाइफाइड भी है। तब कैसा मुआवज़ा ? ऐसे में डाक्टर के विरुद्ध कार्यवाही कैसे हो सकती है ? तुम मुकदमा हार गए।

[ज़िलाधिकारी उठकर चला जाता है।]

छात्र : *(एक-दूसरे से)* यह अच्छी धाँधलेबाजी रही। टेक्निकल दलदल में ला फँसाया है, हमें। इनसे पूछो की अगर चोर के साथ डकैत भी है तो क्या उसका अपराध अपराध नहीं होता ?

❑

एक अच्छा बेटा

❑

पात्र-परिचय

सलीम : *शहंशाह अकबर का पुत्र*
रतनसिंह : *एक राजपूत युवक*
पिता : *रतनसिंह का पिता*
माता : *रतनसिंह की माता*
अकबर : *मुग़ल शहंशाह*
पहरेदार
दरबारी

दृश्य : एक

[पर्दा उठता है तो मंच पर अकबर का पुत्र शहज़ादा सलीम शाही वस्त्र धारण किए, कमर में तलवार लटकाए अपने ग़रीब राजपूत मित्र रतनसिंह के साथ खड़ा दिखाई देता है। रतनसिंह ने राजस्थानी धोती और एक छोटी-सी कुर्ती पहन रखी है। दोनों वार्तालाप में लीन हैं।]

रतनसिंह : क्यों शहज़ादे सलीम ! धरती और आकाश का मेल नहीं हो सकता ना।

सलीम : मैं समझा नहीं रतनसिंह। इस बात से तुम्हारा मतलब क्या है ?

रतनसिंह : मैं जन्म के अंधे, निर्धन माँ-बाप की संतान हूँ। तुम पूरे भारत पर राज करने वाले शहंशाह अकबर के बेटे हो। मैं धरती हूँ तो तुम आकाश। फिर धरती और आकाश के बीच कैसी मित्रता ?

सलीम : *(ज़ोरदार ठहाका लगाता है)* ऐसा मत सोचो रतनसिंह *(प्यार से उसकी पीठ थपथपाते हुए)* जिस जगह हम खड़े हैं, उस जगह से देखें तो धरती और आकाश के बीच बहुत दूरी हैं। लेकिन निगाह तनिक दूर ले जाकर देखो, लगेगा, जैसे ज़मीन और आसमान गले मिल रहे हों।

रतनसिंह : क्या तुम यह कहना चाहते हो सलीम कि समाज की हदों को तोड़कर राजा और प्रजा के बीच कोई अंतर नहीं रहता है ?

सलीम : हाँ रतनसिंह ! मेरा मतलब यही है। ऊँच-नीच और बड़ाई-छोटाई की सीमाएँ तो स्वयं आदमी ने बनाई हैं समाज में, वह चाहे तो इन्हें तोड़ भी सकता है।

रतनसिंह : लेकिन शहंशाह अकबर की संतान होकर क्या तुम ये सीमाएँ तोड़ने का साहस कर सकोगे ?

सलीम : मैंने तुम्हें अपना मित्र कहा है रतनसिंह तो जीवन की अंतिम साँस तक तुम मेरे मित्र ही रहोगे। एक पल को भी मेरे व्यवहार में फ़र्क नहीं पाओगे तुम !

रतनसिंह : हाथ मिलाओ *(दोनों हाथ मिलाते है)* प्रेम न जाने जात-कुजात।

सलीम : मुझे तुम्हारी दोस्ती पर गर्व है।

रतनसिंह : मैं तुम्हें वचन देता हूँ कि दोस्ती के लिए अपनी जान भी तुम पर न्यौछावर कर दूँगा। मुझे गर्व है कि मैं राजपूत हूँ और राजपूत प्राण दे देते हैं, पर वचन नहीं तोड़ते।

दृश्य : दो

[रतनसिंह एक टूटे-फूटे घर में अपने अंधे माता-पिता के बीच बैठा है। वे दोनों पास-पास एक खाट पर उदास मुद्रा में बैठे हैं।]

पिता : क्यों बेटे रतनसिंह, आज कहीं काम पर नहीं गए?

रतनसिंह : अब जाता हूँ बापू, वह ज़रा शहज़ादा सलीम ने बुला भेजा था अपने शिविर में।

माता : क्या शहज़ादा इन दिनों चित्तौड़गढ़ में है बेटे?

रतनसिंह : हाँ माँ ! शिकार के लिए आया है। एक छोटी-सी फ़ौजी टुकड़ी भी उसके साथ है।

पिता : तुम्हारा उस पर क्या ज़ोर है रतनसिंह। कहाँ राजा भोज और कहाँ गंगू तेली। वह शहंशाह अकबर का पुत्र और तुम !

रतनसिंह : *(बात काटते हुए)* यह दोस्ती मैंने खुद तो उससे की नहीं। उसी ने दोस्ती का हाथ बढ़ाया था मेरी ओर।

पिता : पर वह तुम्हें मिल कहाँ गया था बेटे ?

रतनसिंह : शिकार में बापू ! कई लोगों के साथ मैं भी उसके साथ शिकार में गया था। तब मैंने एक हिंसक बाघ को तलवार के एक ही वार में काटकर रख दिया था। शहज़ादा मेरी वीरता से इतना प्रभावित हुआ कि उसने मुझसे पक्की दोस्ती कर ली।

माता : राजा-महाराजाओं का कुछ विश्वास नहीं होता है रे रतने ! तू सोच-समझकर बात करना उसके संग।

रतनसिंह : हाँ माँ ! तू ठीक कहती है। पर वह शहज़ादा सलीम मुझे ऐसा नहीं लगता। उसे शहंशाह के पुत्र होने का कोई घमंड नहीं है। वह तो एक साधारण व्यक्ति की तरह मिलता है मुझसे।

पिता : तू अपना अच्छा-बुरा भली प्रकार जानता है। ऐसी कोई बात न करना जिससे राजपूतों का सिर नीचा हो। दोस्ती की है तो इसे निभाना भी।

रतनसिंह : बिल्कुल बापू ! मेरी नसों में जो रक्त है, वह दोस्ती और दुश्मनी का अर्थ खूब जानता है। आप चिंता न करें।

माता : शहज़ादे से दोस्ती की है तो अपने घर की हालत भी बता उसे।

पिता : *(चीख़कर)* कदापि नहीं, रतन की माँ कदापि नहीं। मित्रता में स्वार्थ आ गया तो फिर मित्रता नहीं रहती। रतन, सलीम का मित्र है तो नौकर नहीं बनेगा उसका। ग़रीबी के कारण अपना सिर नहीं झुकाएगा, उसके आगे। आगे ऐसी बात मुँह पर मत लाना, समझीं !

रतनसिंह : यह तो मैं स्वयं भी समझता हूँ बापू ! माँ ने तो घर की तंगी से दु:खी होकर कह दी है ऐसी बात वर्ना जानती वह भी हैं कि दोस्ती की मर्यादा क्या होती है।

पिता : अच्छा बेटे अब काम पर जा जल्दी से। घर में कुछ भी नहीं है खाने के लिए।

माता : पर दिन छिपने से पहले-पहले आ जाना। देर होने पर मुझे चिंता होने लगती है तेरी।

[रतनसिंह घर से बाहर निकल जाता है। दोनों पति-पत्नी खाट पर बैठ जाते हैं।]

दृश्य : तीन

[शहज़ादा सलीम और रतनसिंह पुन: एक-दूसरे से वार्तालाप करते दिखाई देते हैं। सलीम के चेहरे पर उत्तेजना एवं क्रोध के भाव हैं। नंगी तलवार कंधे पर उठाए हुए है।]

सलीम : हमें अब शहंशाह अकबर के विरुद्ध तलवार उठानी पड़ेगी रतनसिंह। इसके अलावा अब कोई रास्ता नहीं रह गया है।

रतनसिंह : *(शांत भाव से)* क्या पिता के विरुद्ध युद्ध लड़ोगे शहज़ादे ?

सलीम : क्यों नहीं ! राजशाही में कई बार ऐसे मोड़ आते हैं, रतनसिंह।

रतनसिंह : लेकिन मैं युद्ध के पक्ष में नहीं हूँ शहज़ादे। बातचीत से समझौते का प्रयास करना चाहिए, तुम्हें।

सलीम : उसका वक़्त गुज़र गया है रतनसिंह ! फिर तुम जानते हो कि समझौता बराबर की ताक़त वालों से होता है। शहंशाह अकबर को घमंड है कि बहुत बड़ी ताक़त रखते हैं और सलीम उनकी इतनी बड़ी फ़ौज के सामने थोड़ी देर भी नहीं टिक पाएगा। फिर शहंशाह समझौता क्यों करेंगे ?

रतनसिंह : पर इस विद्रोह का परिणाम जानते हो, क्या होगा ?

सलीम : जो भी हो, मैं उसे भुगतने के लिए तैयार हूँ लेकिन अब बग़ावत की है तो क़दम पीछे नहीं हटेगा।

रतनसिंह : शहंशाह अकबर तुम्हारे पूज्य-पिता हैं शहज़ादे ! उन्होंने ख़्वाजा अजमेरी के दरबार में तुम्हें भीख माँगकर लिया था। वह तुम्हारे प्रति क्रूर कैसे हो सकते हैं। हर बाप अपने बेटे को आज्ञाकारी देखना चाहता है तो उसमें ग़लती क्या है ?

सलीम : आज्ञाकारी होने का मतलब अपनी दिली इच्छाओं को, अपनी दिमाग़ को बेच देना नहीं है। मुझे अपनी पहचान बनाए रखने के लिए बग़ावत पर उतरना पड़ा है। अब इसका फ़ैसला जंग के मैदान में ही होगा, शब्दों से नहीं।

रतनसिंह : अपने पूज्य-पिता के विरुद्ध तलवार उठाने का समर्थन मैं नहीं करूँगा। सलीम, तुम अपने निर्णय पर एक बार फिर विचार करो।

सलीम : *(चिढ़कर)* साफ़-साफ़ कहो, तुम मेरा साथ नहीं दोगे। दोस्ती में दिया गया वचन नहीं निभाओगे। तुम कायर हो और बहादुरों के साथ बहादुरी का बर्ताव नहीं कर सकते।

रतनसिंह : *(ऊँची आवाज़ में)* तुम ग़लत समझ रहे हो शहज़ादे ! मैं राजपूत हूँ और राजपूत सिर कटा सकता है, पर वचन नहीं तोड़ सकता। तुम ग़ल्त हो या सही, मैंने तुम्हें वचन दिया था, मैं तुम्हारा साथ दूँगा। युद्ध-स्थल के लिए अपनी सेनाएँ बढ़ाओ। अगली पंक्ति में मैं स्वयं लड़ूँगा।

सलीम : *(कमर थपकते हुए)* मुझे तुमसे ऐसी ही उम्मीद थी रतनसिंह। मैं जानता था, तुम मेरा साथ नहीं छोड़ोगे।

दृश्य : चार

[शहंशाह अकबर और शहज़ादे सलीम की सेनाएँ आमने-सामने खड़ी हैं। सलीम की ओर से पहली पंक्ति में तलवार हाथ में लिए रतनसिंह सबसे आगे दिखाई देता है। सुबह का सूरज अभी पूरब में निकला ही है कि नक्कारे पर चोट पड़ती है और घमासान लड़ाई शुरू हो जाती है। तलवारें टकराने का शोर, सिपाहियों के गिरने की आवाज़ तथा मारो, आगे बढ़ो की आवाज़ें कुछ देर तक गूँजती रहती हैं।]

दृश्य : पाँच

रतनसिंह : *(अपने घर में माता-पिता के साथ)* करारी हार हुई है बापू शहज़ादे सलीम की इस लड़ाई में ।

पिता : हाँ, वह तो होनी ही थी।

रतनसिंह : शहंशाह अकबर की विशाल सेना के सामने सलीम की छोटी-सी सैनिक टुकड़ी कब तक टिक सकती थी भला। बहुत साहस से मुकाबला किया, पर बाद में भगदड़ मच गई।

माता : तुमने भी लड़ाई में भाग लिया होगा, बेटे !

रतनसिंह : हाँ माँ, मैं ही तो था सबसे आगे की पंक्ति में। मैंने शहंशाह अकबर की फ़ौज को, जहाँ-तहाँ से गाजर-मूली की तरह काटा, पर जब घुड़सवार और हाथी सवार फ़ौज का हमला हुआ है, तो मैं भी क्या कर सकता था ?

पिता : हारे हुए सिपाही पकड़ लिए गए होंगे ?

रतनसिंह : हाँ बापू, सैकड़ों सिपाहियों की गिरफ़्तारी हो चुकी है। शहज़ादा सलीम भी पकड़ा गया है। मेरी खोज भी की जा रही होगी।

माता : *(घबराते हुए)* तुम तो किसी प्रकार अपनी जान बचाओ, बेटे !

[बाहर से मुनादी करने वाले की आवाज़ आती है।]

मुनादीवाला : शहंशाह अकबर के आदेश से ऐलान किया जाता है कि जो भी व्यक्ति रतनसिंह नामक बाग़ी युवक को गिरफ़्तार कराएगा या उसका पता शाही अमले को बताएगा उसे पाँच हज़ार अशर्फ़ियाँ इनाम में दी जाएँगी।

पिता : रतन ! तुझे गिरफ़्तार कराने के लिए पाँच हज़ार का इनाम घोषित किया जा रहा है। तू यहाँ से किसी गुप्त स्थान के लिए निकल जा। बस अब आते ही होंगे सरकारी अहलकार तुझे पकड़ने के लिए।

रतनसिंह : पर बापू आप दोनों कैसे रहेंगे यहाँ ? कौन आपकी देखभाल करेगा ? कैसे भोजन की व्यवस्था होगी ?

माता : तू पकड़ा गया, तब तो हमारा हाल और भी बुरा होगा रतन ! जा, जल्दी कर। चुपके से निकल जा यहाँ से।

रतनसिंह : *(माता-पिता के चरण छूते हुए)* मैं जाता हूँ। पर मौका देख कर यहाँ आया करूँगा आप दोनों की ख़बर लेने। जाते हुए अपने एक मित्र से कह जाऊँगा कि वह मेरे पीछे आप दोनों की सेवा करता रहे।

[रतनसिंह घर के पीछे से वेश बदलकर जाता हुआ दिखाई देता है। कई दिन बीत गए हैं। रात के समय रतनसिंह आता है माता-पिता को देखने।]

रतनसिंह : *(दबे पाँव घर में प्रवेश करते हुए और माता-पिता के चरण छूते हुए)* कुछ परेशानी तो नहीं हुई बापू आप लोगों को इतने दिन?

पिता : पूछ मत बेटे, यहाँ कोई हमारी ख़ैर-ख़बर लेने नहीं आया। पिछले चार दिनों से हम दोनों प्राणी भूखे हैं। कुछ भी नहीं मिला है खाने को। तेरी माँ से तो भूख सहन नहीं हो पा रही है।

रतनसिंह : आपको यह कष्ट मेरे कारण भोगने पड़े हैं बापू। पर आप चिंता न करें। कल तक सब ठीक हो जाएगा। मैं लज्जित हूँ कि मेरे कारण..... ।

पिता : कैसे ठीक हो जाएगा, बेटे!

रतनसिंह : सुबह तो होने दीजिए बापू।

दृश्य : छह

[मंच पर शहंशाह अकबर अपने सिंहासन पर विराजमान हैं। आस-पास नवरत्न बैठे हैं। दरबार लगा है। तभी एक पहरेदार आकर फ़र्शी सलाम करता है।]

पहरेदार : एक युवक हाज़िरी चाहता है जहाँपनाह!

अकबर : हाज़िर करो।

[युवक दरबार में प्रवेश करता है। शहंशाह का अभिवादन करके खड़ा हो जाता है।]

अकबर : *(युवक से)* क्या बात है नौजवान? साफ़-साफ़ बताओ।

रतनसिंह : बादशाह सलामत! आपने जिस रतनसिंह को गिरफ़्तार कराने के

लिए पाँच हज़ार अशर्फियों की घोषणा की थी वह अशर्फियाँ अगर आप उसके अंधे माता-पिता को भेज दें तो मैं उसे गिरफ़्तार करा सकता हूँ।

अकबर : *(आश्चर्य से)* तुम रतनसिंह को गिरफ़्तार करा सकते हो, कैसे? हम मानते हैं कि वह एक बहादुर सिपाही है, पर बग़ावत की कड़ी सज़ा मिलेगी उसे।

रतनसिंह : मंज़ूर है जहाँपनाह! रतनसिंह की माँ भूखी है, बाप भूखा है। इनाम का धन आप उन्हें भिजवा दें और . .

[हाथ आगे कर के अपने आपको गिरफ़्तार करने के लिए पेश करता है।]

अकबर : तो क्या तुम ही रतनसिंह हो?

रतनसिंह : हाँ, बादशाह सलामत!

अकबर : जानते हो गिरफ़्तारी के बाद क्या होगा?

रतनसिंह : फाँसी। खूब जानता हूँ।

अकबर : *(अपने आपसे)* एक सलीम था जिसने अपने बाप से बग़ावत की। एक रतनसिंह है, जो अपने माँ-बाप के लिए फाँसी पर चढ़ने को तैयार है। *(आदेश देते हुए)* हम रतनसिंह को माफ़ करते हैं। ऐसे बहादुर सिपाहियों की हम क़द्र करते हैं। इसे आज से ही हम अपनी फ़ौज में शामिल करते हैं। पाँच हज़ार अशर्फियाँ रतनसिंह के घर तुरंत पहुँचा दी जाएँ।

[पर्दा गिर जाता है।]

❑

जिसका काम उसी को साजे

❑

पात्र-परिचय

गुरु
मोहित
शरद
सोनू
मोनू
सिपाही
राजा
कुछ बच्चे

[प्राचीन ढंग के एक आश्रम में गुरु के सामने कुछ शिष्य बैठे हैं। ये सब किशोर अवस्था के छात्र हैं। गुरु ने केसरी वस्त्र धारण कर रखे हैं। आश्रम में मौन छाया हुआ है। गुरु शिष्यों को संबोधित करता है।]

गुरु : बच्चो ! संसार की एक व्यवस्था होती है। इसमें हर व्यक्ति को अपना-अपना कर्तव्य पूरा करना होता है। जीवन एक मंच है। इस पर नाटक के सभी पात्र अपनी-अपनी भूमिका निभाते हैं और चले जाते हैं। एक पात्र की भूमिका कोई और पात्र नहीं करता। सभी अपना-अपना काम करते हैं। यदि ऐसा न हो तो संसार की सारी व्यवस्था बिगड़ जाएगी।

मोहित : गाँव में एक कहावत प्रचलित है। उसमें भी कुछ ऐसी ही बात कही गई है।

गुरु : क्या कहावत है, बेटे ?

मोहित : *(खड़ा होकर)* जिसका काम उसी को साजे
दूजा करे तो मूरख बाजे !

[सब बच्चे हँसते हैं।]

गुरु : *(बच्चों की ओर देखते हुए)* हँसने की बात नहीं है बालको। बिल्कुल ठीक कहावत है। जो काम जिसका है, उसे ही करना चाहिए। लोहा ढालने वाला यदि आभूषण बनाने बैठ जाएगा तो वह कर नहीं पाएगा।

शरद : हाँ गुरु जी, आप ठीक कहते हैं। मैंने अपनी पाठ्य पुस्तक में एक कथा पढ़ी थी, नाई और बंदर की। उसमें भी यह शिक्षा दी गई थी !

सब बच्चे : (एक स्वर में) क्या कथा थी सुनाओ, शरद !

गुरु : हाँ, हाँ सुनाओ, क्या कथा थी वह !

शरद : *(कथा आरंभ करते हुए)* गुरु जी ! कहते हैं कि किसी गाँव में एक नाई खाट पर बैठा हुआ एक व्यक्ति की दाढ़ी बना रहा था। पास में ही एक पीपल का वृक्ष भी था। उस वृक्ष पर कई बंदर बैठे हुए यह तमाशा देख रहे थे। बंदर में नकल करने की आदत होती ही है, गुरु जी।

एक बच्चा : फिर क्या हुआ ? आगे बताओ, शरद !

शरद : फिर यह हुआ भाई कि उस व्यक्ति की हजामत बना चुकने के बाद नाई को किसी काम से अपने औज़ार खुले छोड़कर कहीं

जाना पड़ गया। एक बंदर राजा ने देखा तो झपटकर पेड़ से उतरा और उस्तरा तथा शीशा लेकर पेड़ की सबसे ऊँची शाख पर जा बैठा।

मोहित : और फिर उन्होंने किसी बंदर की दाढ़ी मूँडनी शुरू कर दी। क्यों शरद !

[सब बच्चे ज़ोर से हँसते हैं।]

शरद : नहीं ! उसने एक हाथ में शीशा लिया और दूसरे हाथ में उस्तरा और लगा अपनी शेव बनाने। नाई आया तो देखा उस्तरा गायब। पीपल की ओर दृष्टि गई तो बंदर अपना लहूलुहान चेहरा लिए फुदक रहा था, कभी इस डाल पर तो कभी उस डाल पर।

[बच्चों में एक ठहाका गूँजता है।]

शरद : इसीलिए तो कहा गया है साथियो—

जिसका काम उसी को साजे
और करे तो मूरख बाजे !

गुरु : शरद बंदर का तो चेहरा ही लहूलुहान हो गया। कुछ बड़ा अहित नहीं हुआ उसका। राजा के एक सेवक को तो कड़ी सजा भुगतनी पड़ी थी। कारणं कि उसने अपना काम छोड़कर दूसरे के काम में अपना पाँव फँसा दिया था।

मोहित : बताइए गुरु जी ! क्या हुआ था ऐसा।

गुरु : जानना चाहते हो तो चलो तुम्हें दिखाते हैं...

[कुछ क्षण मंच खाली रहता है फिर एक सुसज्जित सिंहासन पर बढ़िया पोशाक पहने एक राजा बैठा दिखाई देता है। द्वार पर वर्दीधारी सिपाही पहरा दे रहे हैं। सामने लोगों की एक पंक्ति बनी हुई है। तभी दो व्यक्ति पहरे पर खड़े सिपाहियों के पास आकर खड़े हो जाते हैं।]

एक व्यक्ति : महाराजाधिराज की सेवा में उपस्थित होने की अनुमति चाहते हैं हम ?

सिपाही : क्या नाम है तुम्हारा ?

व्यक्ति : सोनू !

सिपाही : *(दूसरे व्यक्ति की ओर इशारा करते हुए)* और तुम्हारे साथ जो यह सज्जन हैं, इनका क्या नाम है ?

सोनू : इसका नाम मोनू है जनाब !

सिपाही : कहाँ से आए हो ?

सोनू : परदेशी हैं। नौकरी की खोज में आए हैं यहाँ।

[सिपाही पहले भीतर जाता हुआ दिखाई देता है, फिर लौट कर दोनों व्यक्तियों से कहता है।]

सिपाही : महाराजाधिराज की सेवा में उपस्थित हो सकते हो, तुम लोग। जाओ।

[एक-एक करके दोनों भीतर प्रवेश करते हैं।]

राजा : *(रोब भरी आवाज़ में)* कौन हो तुम लोग ? क्या चाहते हो ?

सोनू : परदेशी हैं श्रीमान। नौकरी की खोज में आए हैं। आपकी सेवा करना चाहते हैं, सरकार ?

राजा : क्या काम कर सकते हो, तुम लोग ?

सोनू : जो काम आप चाहेंगे, सरकार !

राजा : *(तीख़ी नज़रों से मोनू की ओर देखते हुए)* सरकारी ख़ज़ाने का कोषाध्यक्ष बन सकते हो ?

सोनू : नहीं सरकार, हम पढ़े-लिखे नहीं हैं।

राजा : थलसेना का कमांडर बनना पसंद करोगे तुम ?

सोनू : नहीं सरकार ! हमें युद्ध का कोई अनुभव नहीं। शस्त्र-विद्या नहीं सीखी है हमने।

राजा : तो फिर तुम्हें किसी अन्य देश में दूत बनाकर भेज दिया जाय ? कैसा रहेगा ?

सोनू : *(हाथ जोड़कर)* नहीं महाराज, हममें इतनी योग्यता नहीं है, बंदर क्या जाने अदरक का स्वाद !

मोनू : हमें तो कोई और ही सेवा दीजिए, महाराज !

राजा : *(किसी तरह गंभीर मुद्रा में)* अच्छा, तो फिर तुममें से एक को शिक्षा मंत्रालय में वरिष्ठ मंत्री बनाए देते हैं, बोलो ठीक रहेगा ना !

मोनू : नहीं सरकार, हमें तो हमारी योग्यता के अनुसार ही सेवा का अवसर दीजिए, आप !

सोनू : अपनी क्षमता के अनुसार ही सेवा कर पाएँगे हम, महाराज !

राजा : *(तीखे स्वर में)* तुमने ऐसा क्यों कहा था कि जो सेवा तुम्हें सौंपी जाएगी निष्ठा के साथ उसे पूरा करोगे। अपनी मर्जी से हम सेवा तुम्हें सौंप रहे हैं तो तुम स्वीकार नहीं कर रहे हो। क्यों ?

सोनू : ग़लती हो गई सरकार। क्षमा करें ?

मोनू : हमें बताना चाहिए था सरकार कि हम क्या कर सकते हैं ?

राजा : हाँ ! बोलो इससे पहले तुम क्या करते थे ?

सोनू : मैं अपने गाँव में चौकीदार था सरकार ! जब सब लोग सो जाते तो मैं गाँव की गली-गली में पहरा देता और चोर-उचक्कों के बारे में जानकारी रखता था।

राजा : *(दूसरे व्यक्ति की ओर संकेत करते हुए)* और तुम क्या काम करते थे, यहाँ से पहले तक।

मोनू : मैं सरकार गाँव में एक भू-स्वामी के यहाँ द्वारपाल था। रात-भर खड़ा पहरा देता था। उसकी चौखट पर ज़रा भी कोई आहट होती, चोर की या किसी और संदिग्ध व्यक्ति के आने की, तुरंत भू-स्वामी को जगाता और ख़तरा सामने आने से पहले ही सबको सचेत कर देता।

राजा : लेकिन तुमने अपनी-अपनी नौकरियाँ छोड़ी क्यों ? निष्ठावान सेवकों को कोई भी स्वामी स्वयं नहीं निकालता है। तुम दोनों को नौकरी से निकालने का कारण क्या रहा ?

[दोनों कुछ क्षण मौन साधे रहते हैं फिर सोनू साहस ज़ुटाकर कहता है।]

सोनू : गाँव में रहते-रहते महाराज बहुत समय हो गया था। जी चाहता था गाँव से निकल-कर किसी ओर देश को देखें।

राजा : तुम जानते हो, परदेश में जाकर सफल होने के लिए क्या गुण

होने चाहिए आदमी में ?

मोनू : मेहनती और ईमानदार होना चाहिए आदमी को ?

राजा : नहीं ! मात्र इतने ही से काम नहीं चलता है मूर्खों ! मेहनत और ईमानदारी तो आदमी काम मिलने पर ही दिखा सकता है। शास्त्रों में लिखा है कि परदेश जाने वाला या तो किसी कला में दक्ष हो अथवा उसके पास पर्याप्त धन हो। यदि उसके पास दोनों में से कुछ नहीं तो फिर वह कम-से-कम इतना सुंदर तो हो कि लोग आप ही आप उसकी ओर आकर्षित हों ? इनमें से कौन-सा गुण तुममें है ?

मोनू : गुण तो कोई नहीं है सरकार ! पर हम तो आपकी सेवा में आ गए हैं अब ! चाहे धूप दीजिए या छाँव, हम जाएँगे नहीं यहाँ से।

राजा : ठीक है, तुम्हें वही काम दिया जाएगा जो तुम अब तक करते आए हो !

सोनू : बहुत-बहुत धन्यवाद महाराज ! हम जीते-जी सरकार का एहसान नहीं भूलेंगे।

राजा : लेकिन एक बात कान खोलकर सुन लो ! हमारा नियम है कि सब कर्मचारी अपना-अपना काम ही अंज़ाम दें। एक का काम दूसरा अपने हाथ में न ले। यदि कोई ऐसा करता है तो उसे कड़ा दंड दिया जाता है।

मोनू : ठीक है महाराज ! लेकिन क्या चौकीदार को सदा चौकीदार ही रहना पड़ता है इस देश में ?

राजा : नहीं, यदि वह किसी और काम में निपुण हो जाता है तो अपना पेशा बदल भी सकता है।

सोनू : उसके लिए क्या करना पड़ता है महाराज ?

राजा : मान लो, तुम अपने सेवाकाल में शास्त्रों का अध्ययन कर विद्वान बन जाते हो तो महापंडित भी बन सकते हो इस राज्य के। या तुममें शस्त्र-विद्या सीखने की ललक है तो इसके लिए अवकाश भी दिया जा सकता है तुम्हें ! पर इससे पहले तुम अपना काम छोड़कर किसी अन्य का काम कदापि नहीं करोगे।

सोनू : ठीक है महाराज !

[दृश्य बदलता है। रात्रि का समय है। राजमहल में राजा-सहित सभी गहरी निद्रा में सोए हुए हैं। सोनू राजभवन के मुख्य द्वार पर पहरा दे रहा है। तभी तेज़ी से झपटता हुआ मोनू वहाँ आता है।]

सोनू : क्यों भाई, आज तुम अपनी ड्यूटी पर नहीं गए! राजधानी में गश्त लगाने?

मोनू : कई चक्कर लगा चुका हूँ। सब जगह अमन-चैन है, शांति है। कहीं कोई गड़बड़ दिखाई नहीं दी मुझे?

सोनू : लेकिन अगर कोई गड़बड़ हो गई तो?

मोनू : नहीं, कोई गड़बड़ नहीं होने वाली है नगर में। महाराज का दबदबा इतना है कि पत्ता भी कान नहीं फड़काता!

सोनू : लेकिन तुम्हें अपनी ड्यूटी पर तैनात तो रहना ही चाहिए था मोनू।

मोनू : किसी को कोई पता नहीं चलेगा, राजा बेख़बर सोया हुआ है और सारे दरबारी भी।

सोनू : अच्छा! जब तुम आ ही गए हो तो ऐसा करो, थोड़ी देर मेरे स्थान पर पहरा दो, मैं घर जाता हूँ। भोर होने से पहले ही लौट आऊँगा।

मोनू : ठीक है। तुम जाओ।

[सोनू मुख्य द्वार से जाता दिखाई देता है। मोनू उसके स्थान पर पहरा देने के लिए खड़ा हो जाता है। तभी पीछे के झरोखे से खटखट की आवाज़ सुनाई देती है। मोनू आहट की ओर कान लगाकर सुनता है। आवाज़ और तेज़ होती है। मोनू झपटकर आवाज़ की ओर जाता है और दीवार की आड़ से झाँककर देखता है कि एक चोर रस्सी के सहारे झरोखे में दाख़िल होकर राजा के शयन-कक्ष में घुसने का प्रयास कर रहा है।]

मोनू : *(घबराहट में)* अरे कोई है, अरे कोई है?

[सब गहरी नींद में सोए हैं, कोई उत्तर नहीं मिलता।]

मोनू : *(अपने आपसे)* सीधा शयन-कक्ष में जाकर राजा को जगा देना

चाहिए। वह मेरी कर्तव्यनिष्ठा और चौकसी को देखकर खुश होगा। चोर पकड़ा जाएगा तो मुझे इनाम मिलेगा, ढेर सारा।

[मोनू एक पल सोचता है और सीधा राजा के शयन-कक्ष में प्रवेश कर जाता है। वह महाराज का पाँव पकड़कर हिलाता है।]

मोनू : श्रीमान जी, महल में चोर आ गया है।

राजा : *(निश्चिंत भाव में उठते हुए)* तुम कौन? मोनू! तुम्हें तो शहर की गश्त पर होना चाहिए था इस समय।

मोनू : *(राजा की बात सुनी-अनसुनी करते हुए)* सरकार चोर है, चोर आ गया है महल में।

राजा : *(अधिक गंभीर होकर)* ठीक है उसे चोरी करने दो। यह बताओ तुमने अपनी ड्यूटी कैसे छोड़ी? तुम शहर की गश्त पर क्यों नहीं हो? सोनू का काम तुमने अपने हाथ में किसकी अनुमति से लिया?

[राजा क्रोध में मोनू पर हंटर उठाता है। मोनू हाथ जोड़कर क्षमा माँगता है। किंतु राजा उसे क्षमा नहीं करता।]

राजा : *(क्रोध-भरी आवाज़ में)* अपने कर्तव्य का पालन न करने पर तुम्हें आजीवन कारावास की सजा दी जाती है।

[दृश्य में फिर वही आश्रम है। चेलों के बीच में गुरु जी की आवाज़ उभरती है।]

गुरु : इसीलिए कहा गया है कि समाज में सब अपने-अपने कर्तव्यों का पालन करें। कोई किसी का स्थान लेने का प्रयास न करे। नहीं तो संसार की सारी व्यवस्था गड़बड़ा जाएगी।

मोहित : आप ठीक कहते हैं गुरु जी—

जिसका काम उसी को साजे
दूजा करे तो मूरख बाजे!

❑

अंधा नागदेवता

❑

पात्र–परिचय

किशन : *ग्रामीण किशोर, अवस्था १२ वर्ष*
बापू, मक्खनलाल : *किशन के पिता*
माँ : *किशन की माँ*
गिरधारी : *किशन का चाचा*
शेखर : *किशन का मित्र*
तीन-चार ग्रामीण : *चौपाल पर उपस्थित व्यक्ति*
मदारी : *सपेरा*

दृश्य : एक

[पर्दा उठता है तो गाँव में एक चौपाल पर बहुत-से लोग खड़े दिखाई देते हैं। कुछ औरतें और कुछ बच्चे भी हैं। बच्चों में 12 वर्ष का किशन भी है, जो ध्यानपूर्वक सबकी बातें सुन रहा है।]

एक व्यक्ति : कुछ सुना तुमने ! गाँव के पश्चिम नुक्कड़ पर मैदान में जो पीपल खड़ा है ना, रात उस पर नागदेवता प्रकट हुए हैं।

दूसरा व्यक्ति : *(आश्चर्य से)* नागदेवता ! अरे नहीं, ऐसे कोई साँप-वाँप आ गया होगा कहीं से।

तासरा व्यक्ति : तुम विश्वास नहीं करते तो न करो, पर मैं खुद अपनी आँखों से देखकर आया हूँ। देवता के फन पर शिवजी की मूर्ति का चिह्न बना है।

पहला व्यक्ति : मैंने भी देखा है। पीपल के आस-पास तो आठ गाँव की भीड़ जमा है। देवता पर चढ़ावे चढ़ाए जा रहे हैं। पूजा-अर्चना चल रही है।

दूसरा व्यक्ति : गाँव वाले तो ज़रा-सी बात में मूर्ख बन जाते हैं। कोई साँप बेचारा घूमता-घामता आ गया होगा कहीं से। किसी ने कह दिया नागदेवता हैं। फन पर शिवजी की मूर्ति है। हम आ गए उसके झाँसे में और टूट पड़े जल और दूध चढ़ाने के लिए।

पहला व्यक्ति : तुम्हें तो भाई किसी बात पर विश्वास ही नहीं होता। अगर कोई जंगली साँप होता तो अब तक लोगों की इतनी भीड़ देखकर सरक गया होता किसी बिल में।

दूसरा व्यक्ति : तुम ठीक कहते हो। वह नागदेवता तो भीड़ देखकर भागा ही नहीं। पीपल की मोटी शाखा पर प्रकट हुआ था, वहीं अब भी है।

तीसरा व्यक्ति : पीपल के नीचे प्यालियों में दूध तथा चढ़ावे का ढेर लग गया है, पर नाग देवता किसी चीज़ की ओर आँख उठाकर नहीं देख रहे हैं।

पहला व्यक्ति : गाँव प्रधान ने घोषणा की है कि जिस जगह नाग देवता प्रकट हुए हैं, वहाँ एक भव्य शिव मंदिर बनवाया जाएगा।

दूसरा व्यक्ति : गाँव प्रधान की इस घोषणा पर क्षेत्र की जनता उनकी प्रशंसा कर रही है।

तीसरा व्यक्ति : भई तुम लोग कुछ भी कहो, मुझे तो विश्वास होता नहीं कि पीपल पर रातों-रात नागदेवता प्रकट हो गए।

पहला व्यक्ति : तुम्हें विश्वास हो न हो, पर सच्चाई तो यही है।

तीसरा व्यक्ति : गांव प्रधान तो बहुत दिन से इस ज़मीन पर अपना कब्ज़ा करने के चक्कर में था भाई।

दूसरा व्यक्ति : पर मंदिर बनवाने से उसका यह उद्देश्य कैसे पूरा होगा ? यह भूमि तो फिर भी उसके कब्ज़े में आने से रही।

तीसरा व्यक्ति : अरे, कुछ चक्कर है ज़रूर। मैं तो मानता नहीं इसे।

[गाँव वालों की बातचीत सुनकर किरण भागा-भागा अपने घर आता है। घर में उसके माता-पिता और छोटे भाई-बहन अपने-अपने कामों में व्यस्त हैं।]

किशन : *(घर में प्रवेश करते हुए)* क्यों बापू ! कुछ सुना है तुमने, पीपल पर नागदेवता प्रकट हुए हैं।

बापू : हाँ-हाँ क्यों नहीं। इसकी चर्चा तो पूरे गाँव में दिन निकलते ही हो गई। बच्चे-बच्चे को पता है इस बात का।

किशन : सुना है बापू नागदेवता के फन पर शिवजी की मूर्ति का चिह्न है।

बापू : हाँ बेटे, मैंने तो खुद देखा है। चिह्न तो है शिवजी की मूर्ति का।

माँ : यह तो किशन बेटे, दूध भी चढ़ा आए देवता को।

किशन : जब नागदेवता शाखा पर हैं तो उनका फन कैसे दिखाई दे रहा है दर्शकों को ?

बापू : तुमने तो किशन देखा ही है वह पीपल। पेड़ की सबसे निचली शाखा तो धरती से केवल गज डेढ़ गज ऊँचाई पर है। नागदेवता बस उसी पर विराजमान हैं। न किसी को फुंकार रहे हैं न कुछ कह रहे हैं। बस आँखें बंद हुए ध्यानमग्न हैं। सभी के चढ़ावे स्वीकार कर रहे हैं वे।

किशन : पर बापू, अभी-अभी चौपाल पर गिरधारी चाचा तो इस सब को नाटक बता रहे हैं गाँव-प्रधान का।

माँ : क्या कह रहा था गिरधारी ?

किशन : गिरधारी चाचा कह रहे थे माँ कि गाँव-प्रधान बहुत दिनों से इस भूमि पर कब्जा करने के जुगाड़ में था। पर गाँव वालों

के विरोध के कारण वह ऐसा नहीं कर पाया था अब तक।

बापू : कुछ दिन पहले गाँव के लोगों ने दबाव डाला था। तब इस भूमि पर प्राथमिक पाठशाला बनाने का प्रस्ताव भेजना पड़ा था उसे।

माँ : जब स्कूल के लिए सरकार से मंजूरी मिल चुकी है तो प्रधान जी के कब्ज़े का सवाल कहाँ रह गया है अब?

किशन : लेकिन गिरधारी चाचा का कहना है कि इसमें प्रधान की कोई न कोई चालाकी अवश्य होगी।

बापू : गिरधारी तो शक्की स्वभाव का व्यक्ति है। हर मामले को शक की दृष्टि से देखता है वह।

माँ : जो भी हो जब पूरा गाँव मान रहा है कि पीपल पर नागदेवता प्रकट हुए हैं तो अकेले गिरधारी के विरोध करने से क्या होता है?

बापू : तुम ठीक कहती हो किशन की माँ। जब सारा गाँव एक तरफ़ है तो अकेला गिरधारी क्या करेगा? फिर मैं तो खुद देखकर आया हूँ शिव मंदिर के लिए ईंट-पत्थर भी आना शुरू हो गया है।

[गिरधारी घर में प्रवेश करता है। किशन गिरधारी चाचा को नमस्ते करके उसे आदर से बैठाता है।]

किशन : क्यों गिरधारी चाचा, क्या आप भी गए थे, नागदेवता के दर्शन करने?

गिरधारी : हाँ गया था, मुझे तो कोई ड्रामेबाजी लगती है प्रधान की।

बापू : पर गिरधारी यह तो सोचो, शिव मंदिर बनवाने में गाँव-प्रधान का अपना क्या लाभ हो सकता है?

माँ : उस बेचारे का भला क्या हित होगा इसमें?

बापू : मंदिर बनवाने में वह ज़मीन गाँव-प्रधान के कब्ज़े में थोड़े ही आ जाएगी।

किशन : पर विद्यालय का बनना तो रुक जाएगा बापू !

बापू : हाँ शायद विद्यालय तो अब नहीं बन पाएगा।

माँ : सोचने की बात तो यह है गिरधारी कि विद्यालय रुकवाकर मंदिर बनवाने में गाँव-प्रधान का अपना क्या फायदा होगा ?

बापू : इसमें तो प्रधान का कोई फायदा दिखाई नहीं देता।

किशन : बस यही कि गाँव के ग़रीब बच्चे शिक्षा न ले सकें।

बापू : यह बात नहीं है बेटे ! गाँव-प्रधान भला ऐसा क्यों चाहेगा ?

गिरधारी : तुम देख लेना मक्खनलाल, पहले शिव-मंदिर बनेगा फिर उसके आस-पास की भूमि पर गाँव-प्रधान की दुकानें तैयार होंगी। शिव-मंदिर की ख्याति जैसे-जैसे बढ़ेगी और दूर-दूर से श्रद्धालु आने शुरू होंगे, तब यहाँ प्रसाद आदि के दुकानदार आकर अपना धंधा शुरू कर देंगे और तब तुम देखना, गाँव-प्रधान दोनों हाथों से चाँदी रोलेगा।

मक्खनलाल : तुम तो ख़याली घोड़े दौड़ा रहे हो गिरधारी। ज़रूरी तो नहीं, यही नाटक रचा हो गाँव-प्रधान ने।

किशन : पर बापू ! पता तो इसका लगना ही चाहिए !

मक्खनलाल : ना बेटे, ना। सारे गाँव को यह विश्वास है कि पीपल पर नागदेवता प्रकट हुए हैं। और उनके फन पर शिवजी की मूर्ति का चिह्न है तो ऐसे में यदि कोई इसका खंडन करता है तो समझ लो खैर नहीं, मार डालेंगे गाँव वाले उसे।

गिरधारी : फिलहाल तो माहौल कुछ ऐसा ही लगता है मक्खनलाल। ऐसे में तो चुप साध के बैठ जाना ही बेहतर होगा, जो हो रहा है होने दो, क्या पता देवता ही प्रकट हुए हों।

मक्खनलाल : अब तुम आये ना सीधे रास्ते पर। धर्म का भी जीवन में एक स्थान है और मान लो कि प्रधान का यह नाटक ही है तो हम तुम दो जने इसे कैसे रोक सकते हैं ?

दृश्य : तीन

[आधी रात बीत चुकी है। किशन अपने दोस्त शेखर को अपने साथ लिए एक निर्जन स्थान पर खड़ा है।]

किशन : तुम्हें पता है शेखर, आज मैं भी नागदेवता के दर्शन कर आया।

शेखर : दूध चढ़ाने गया था क्या?

किशन : नहीं, बस यों ही देखने चला गया था।

शेखर : क्या देखा तुमने?

किशन : मुझे तो ऐसा लगता है शेखर जैसे वह वही हो, जो हमने कुछ दिन पहले इसी चौराहे पर हुए मदारी के एक तमाशे में देखा था।

शेखर : लगता तो मुझे भी ऐसा ही है।

किशन : क्या तुम भी गए थें, दर्शन करने?

शेखर : हाँ, मैं भी गया था।

किशन : तुमने कैसे पहचाना कि यह साँप वही है, जो हमने मदारी के पास देखा था।

शेखर : मैंने तो एक लकड़ी लेकर उसके आस-पास घुमाई। वह लकड़ी को देख ही नहीं पाया।

किशन : ठीक, मैंने भी ऐसा ही किया था। तुम्हें याद होगा शेखर, मदारी के पास जो साँप था वह अंधा हो गया था। किसी कारण मदारी ने भी यही बताया था दर्शकों को पर मूर्ख बनाने के लिए कहता यही था कि यह नाग बिना आँखों के सब कुछ देख लेता है।

शेखर : लेकिन यह भी तो हो सकता है कि यह हमारा संदेह ही हो।

किशन : संदेह को प्रमाणित तो करना ही चाहिए शेखर। चलो इस समय चलते हैं पीपल की तरफ, वहाँ इस समय कोई नहीं होगा, आराम से देखेंगे नागदेवता को?

शेखर : चलो चलते हैं?

दृश्य : चार

[दोनों पीपल के नीचे उस शाखा के निकट खड़े दिखाई देते हैं, जहाँ नाग देवता विराजमान हैं।]

किशन : चलो यार, देवता को पकड़ कर घर लिए चलते हैं।

शेखर : यार, यह देवता काट न ले।

किशन : काट कैसे लेगा, मदारी ने पहले ही इसके दाँत निकाल रखे

देखो ! हो गया न गाँव-प्रधान का भंडाफोड़ !

होंगे।

शेखर : तुम ठीक कहते हो।

[किशन हाथ बढ़ाकर नाग देवता को पकड़ लेता है।]

दृश्य : पाँच

[दोनों मित्र नागदेवता को गिरधारी चाचा की बैठक पर ले आते हैं। सुबह का धीमा उजाला फैल जाता है।]

गिरधारी : यह क्या लाए हो तुम दोनों बालक?

किशन : नागदेवता को उठा लाए हैं चाचा हम! हमें लगता है, हमने इसे मदारी के पास तमाशे के दौरान देखा था।

गिरधारी : *(आश्चर्य से, ताली बजाते हुए)* वह मारा, वह मारा प्रधान जी को। तुम दोनों कुछ देर यहीं ठहरो बेटे! मैं उस मदारी को पकड़कर लाता हूँ उसके घर से। अभी हुआ जाता है, दूध का दूध और पानी का पानी।

दृश्य : छह

[सारा गाँव गिरधारी की बैठक के सामने मैदान में जमा हो जाता है।]

गिरधारी : यह साँप तुम्हारा है मदारी?

मदारी : हाँ, महाराज मेरा है।

गिरधारी : पर यह पीपल पर कैसे आया?

मदारी : यह मुझसे प्रधान ने खरीदा था 300 रुपये में।

गिरधारी : देखो, हो गया ना, गाँव-प्रधान का भंडाफोड़।

[गाँव की भीड़ प्रधान 'मुर्दाबाद' के नारे लगाती है और प्रधान के घर की तरफ़ मुड़ जाती है।]

❑

राजा का निर्णय

❑

_पात्र-परिचय_

राजा
वित्तमंत्री
मोहनलाल
देशराज, कन्हैयालाल
राज्यपाल
पंडित
द्वारपाल

[राजाओं जैसे वस्त्र पहने, सिर पर मुकुट लगाए राजा दरबारियों तथा अन्य अधिकारियों के बीच बैठा है। पीछे एक वर्दीधारी सेवक मोरपंख झल रहा है। दासियाँ आदेश की प्रतीक्षा में दाएँ-बाएँ खड़ी हैं। द्वारपाल हथियार लिए पहरे पर तैनात है। राजा किसी गहरे चिंतन में लीन है। अचानक वह वित्तमंत्री से कहता है।]

तुम लोगों ने राज्य का सर्वेक्षण किया ?

राजा : *(वित्तमंत्री को संबोधित करते हुए)* अपने राज्य का सर्वेक्षण करने के लिए हमने तीन सदस्यों की एक समिति गठित की थी। क्या उसकी रिपोर्ट प्राप्त हो गई ?

वित्तमंत्री : जी हाँ, सरकार। कल ही वह रिपोर्ट मेरे मंत्रालय को प्राप्त हुई है।

राजा : रिपोर्ट के साथ-साथ समिति के तीनों सदस्यों को भी हमारे सम्मुख उपस्थित किया जाए !

वित्तमंत्री : बहुत अच्छा महाराज ! *(एलची की ओर संकेत करते हुए)* जाओ, समिति के तीनों सदस्यों को सूचित करो। वे तुरंत महाराज की सेवा में उपस्थित हों।

[एलची जाता हुआ दिखाई देता है। कुछ क्षण बाद तीन व्यक्ति उपस्थित होते हैं।]

मोहनलाल : *(द्वारपाल से)* जाओ, महाराज को सूचित करो कि हम आ गए हैं।

[द्वारपाल जाता है।]

द्वारपाल : महाराज, समिति के सदस्य आपके दर्शनों के लिए उपस्थित हैं।

राजा : ठीक है। हमारे सामने उपस्थित करो, उन्हें।

[तीनों आते हैं और झुककर राजा को प्रणाम करते हैं।]

राजा : तुम लोगों ने राज्य का सर्वेक्षण किया। कहाँ-कहाँ गए !

मोहनलाल : महाराज ! हमने सर्वेक्षण से पहले पूरे राज्य को तीन भागों में बाँट लिया था। राज्य का बीच वाला भाग सर्वेक्षण के लिए मेरे पास था। पूर्वी भाग *(अपनी दाईं तरफ़ इशारा करते हुए)* श्री देशराज के पास, तथा *(बाईं ओर इशारा करते हुए)* पश्चिमी भाग श्री कन्हैयालाल के पास था।

राजा : *(मुख्य सदस्य मोहनलाल को संबोधित करते हुए)* तो मोहनलाल जी, पहले आप बताइए, आपने हमारे राज्य के मध्य भाग में क्या देखा ? जनता की आर्थिक दशा कैसी है ? लोग सुख से हैं ? या अभावों में जीवन बिता रहे हैं ?

मोहनलाल : कुछ पूछने वाली बात नहीं हैं सरकार ! साफ़-साफ़ कहने का साहस नहीं हो रहा है मुझे।

राजा : नहीं-नहीं, कहो निसंकोच कहो ?

मोहनलाल : आप सच्चाई सहन नहीं कर पाएँगे महाराज।

राजा : नहीं मोहनलाल ! हम सच्चाई जानना चाहते हैं, इसीलिए हमने ऐसे लोगों को जाँच के लिए भेजा था, जो झूठी और खुश करने वाली बातें न बताएँ। जो भी देखा है, सच-सच कहो !

मोहनलाल : तो सुनिए महाराज ! मैं जहाँ-जहाँ भी गया मैंने जनता में भयंकर ग़रीबी देखी। लोगों को आधा पेट खाना भी नहीं मिल रहा है महाराज ! रोटी मिलती है, तो कपड़ा नहीं मिलता, कपड़ा मिलता है तो रोटी नहीं मिलती। लोग भूखे मर रहे हैं, महाराज।

राजा : *(दुःख-भरे स्वर में)* ऐसा क्यों है मोहनलाल ?

मोहनलाल : राज्य की सामाजिक व्यवस्था ही ऐसी है महाराज ! मुट्ठी-भर महाजन मज़े कर रहे हैं जबकि जनता अभाव में जी रही है।

[राजा समिति के दूसरे सदस्य को बुलाकर पूछता है।]

राजा : हाँ तुम कहो देशराज ! तुम राज्य के किस भाग का सर्वेक्षण करने निकले थे ?

देशराज : मैं पूर्वी भाग में गया था महाराज !

राजा : तुम बताओ, तुमने क्या देखा ?

देशराज : मैंने भी वही देखा है महाराज, जैसा मोहनलाल जी ने आपको बताया है। इससे भी अधिक दुखदायी दृश्य देखे हैं मैंने।

राजा : *(ऊँची आवाज़ में)* साफ़-साफ़ कहो ! डरने या कुछ छिपाने की आवश्यकता नहीं है। समझे ?

देशराज : लोग कड़ी मेहनत करके फ़सल उगाते हैं। फ़सल तैयार होकर घर तक भी नहीं आती है कि महाजनों के कारिंदे अपना ऋण वसूलने आ जाते हैं। किसान आधी फ़सल लगान के रूप में राज्य कर्मचारियों को दे देता है। बाक़ी सारा वर्ष वह स्वयं भुखमरी में काटता है और उसका परिवार भी।

राजा : यह तो बहुत बड़ा अन्याय हो रहा है राज्य में।

देशराज : मैंने तो अधिकतर ऐसा ही देखा है सरकार। गाँवों में भी गया हूँ

और नगरों में भी। सब जगह एक ही जैसी दशा पाई मैंने?

राजा : शिक्षा और आवास की क्या स्थिति है, देशराज!

देशराज : महाराज, जब लोगों के पास पैसा नहीं है तो वह शिक्षा पर या मकान बनाने पर कहाँ से ख़र्च कर सकते हैं? नतीजा यह है कि लोग अनपढ़ हैं और फूस-पत्तों के छप्पर डालकर गुज़ारा कर रहे हैं।

राजा : लेकिन अब तक तो सरकारी अधिकारी हमसे यही कहते आए हैं कि राज्य में हर जगह सुख-समृद्धि है। कोई भूखा-नंगा नहीं। सब लोग आराम से हैं।

देशराज : मैंने ऐसा नहीं देखा है, महाराज।

राजा : *(सेवक को संबोधित करते हुए)* राज्यपाल को उपस्थित करो तुरंत, हमारे सामने।

[सेवक जाता है और राज्यपाल को साथ लेकर आता है। राज्यपाल ने बढ़िया राजसी वस्त्र पहन रखे हैं।]

राज्यपाल : *(दोनों हाथ जोड़कर और झुककर प्रमणाम करते हुए)* श्रीमान! कैसे याद किया, इस समय सेवक को?

राजा : *(स्वर में थोड़ा क्रोध है)* तुमने छह महीने पहले अपनी रिपोर्ट दी थी। उसमें बताया था कि देश में जनता पूरी तरह से सुखी है, कोई भूखा-नंगा नहीं है लेकिन जाँच समिति के ये सदस्य क्या कह रहे हैं?बताओ, तुम्हारे पास क्या जवाब है इसका *(देशराज को संबोधित करके)* बोलो, देशराज क्या बता रहे थे, तुम अभी-अभी?

देशराज : मैंने बहुत ग़रीबी देखी है सरकार! राज्य के पूर्वी भाग में लोग खाने-पहनने को तरस रहे हैं।

राजा : *(समिति के तीसरे सदस्य कन्हैयालाल की तरफ़ देखते हुए)* क्यों कन्हैयालाल! तुम पश्चिमी भाग में घूमकर आए हो। वहाँ के हाल बताओ।

कन्हैयालाल : मैंने इससे भी बुरी हालत देखी है महाराज। मैंने देखा, माताएँ रोटी के लिए अपनी संतानों तक को बेचने पर मज़बूर हैं।

राजा : इन बच्चों को कौन ख़रीद रहा है, कन्हैयालाल?

कन्हैयालाल : बड़े-बड़े ज़मींनदार और सेठ-साहूकार ख़रीद रहे हैं, महाराज। बिकने के बाद वे जीवन-भर उनके ग़ुलाम बने रहते हैं। सेवा करते हैं उनकी, और अंत में एड़ियाँ रगड़-रगड़कर मर जाते हैं।

राजा : *(क्रोध में राज्यपाल से)* तुमने तो ऐसा कभी नहीं बताया राज्यपाल, क्या तुम अब तक धोखा देते रहे थे, हमें ?

राज्यपाल : *(हाथ जोड़कर)* नहीं सरकार ! छह महीने पहले तो खुशहाल थे लोग। ऐसी दुर्दशा अभी हुई होगी उनकी।

राजा : *(लगभग चीख़ते हुए)* बकवास बंद करो। कोई छह महीने में हालत बनती-बिगड़ती है राज्यों की ? तुम झूठ बोलते हो, धोखा देते रहे हो हमें ? हम तुम्हें अभी इसी वक़्त पदमुक्त करते हैं।

राज्यपाल : जिन कारिंदों की सूचनाओं पर यह रिपोर्ट दी गई थी उन्हें भी बुलाया जाना चाहिए, महाराज !

राजा : नहीं, इसकी कोई ज़रूरत नहीं। वे तुम्हें संतुष्ट रखने के लिए तुमसे झूठ बोलते रहे और तुम हमें ख़ुश रखने के लिए हमसे धोखा करते रहे।

देशराज : *(बीच में हस्तक्षेप करते हुए)* ऐसा लगता है महाराज ! सही स्थिति जानने के लिए हमसे पहले कोई गया ही नहीं है।

राजा : तुम ठीक कहते हो देशराज ! पर तुम लोग यह तो बताओ, जनता की दुर्दशा का कारण क्या हो सकता है ?

मोहनलाल : बड़ा कारण है सरकार लूट-खसोट ! सेठ-साहूकार और महाजन जी-भर कर लूट रहे हैं। उनकी दौलत दिन-पर-दिन बढ़ती जा रही है, जबकि एक आम आदमी कड़ी मेहनत करने के बाद भी भूखा रहता है।

राजा : *(सिंहासन से उठते हुए)* हम समझ गए हैं। जान गए हैं, जनता की दरिद्रता का कारण क्या है। अब तुम जा सकते हो।

[सब लोग चले जाते हैं, दरबार ख़ाली है। कुछ देर बाद राजा फिर उपस्थित होता है। घंटा बजता है। सेवक सामने हैं।]

राजा : *(सेवक से)* वित्तमंत्री को हाज़िर करो !

वित्तमंत्री : *(सामने आते हुए)* सरकार आदेश दीजिए, सेवक हज़िर है।

राजा : वित्तमंत्री जी ! हमने फ़ैसला किया है कि राज्य में जितने भी सेठ-साहूकार, महाजन, बड़े-बड़े भू-स्वामी, जमींदार, उद्योगपति और व्यापारी हैं, सबकी धन-दौलत छीनकर निर्धन जनता में बाँट दी जाए। यह काम तुरंत और तत्काल होना चाहिए। इस काम में केवल ईमानदार कर्मचारी ही लगाए जाएँ। यदि कोई ऐसी शिकायत मिली कि सरकारी कर्मचारी ने ग़बन किया है तो उसे तुरंत फाँसी पर लटका दिया जाएगा। समझे, जाओ व्यवस्था करो।

वित्तमंत्री : लेकिन सरकार, इतने सरकारी कर्मचारी नहीं हैं, जो पूरे राज्य में एक साथ फैल जाएँ। एक साथ छापे न मारे गए तो डर है कि पैसे वाले लोग अपना धन किसी गुप्त स्थान पर छिपा सकते हैं।

राजा : तुम ठीक कहते हो। तो फिर सरकारी कर्मचारियों के अलावा सेना के जवानों को भी काम में लगा दिया जाए।

वित्तमंत्री : बहुत अच्छा सरकार !

[सरकारी कारिंदों और सेना के जवान सेठ-साहूकारों, भू-स्वामियों व उद्योगपतियों के घरों में छापे मारते हैं और वहाँ से मिले धन को ग़रीबों में बाँट देते हैं। सड़कों पर नंगे-भूखे लोगों की पंक्तियाँ लगी हैं। कर्मचारी उन्हें धन बाँट रहा है। भीड़ में भारी हलचल है। हर व्यक्ति अधिक-से-अधिक धन हड़प कर जाने की चिंता में है। इस दृश्य की समाप्ति पर मंच फिर ख़ाली हो जाता है। कुछ समय बाद पुनः दरबार का दृश्य उभरता है। राजा सिंहासन पर बैठा है।]

राजा : *(वित्तमंत्री को संबोधित करते हुए)* ग़रीबों में धनवानों का पैसा वितरित कराए छह महीने से ज़्यादा हो गए हैं। हमने आदेश दिया था वित्तमंत्री कि छह महीने बीत जाने पर फिर सर्वेक्षण कराया जाए। हमें पता चलना चाहिए कि जनता की आर्थिक दशा कैसी है ?

वित्तमंत्री : सर्वेक्षण करा दिया गया है महाराज !

राजा : सर्वेक्षण-समिति को बुलाया जाए।

[वित्तमंत्री सेवक को आदेश देता है। तीनों सदस्य राजा के

सामने उपस्थित हैं।]

राजा : *(गंभीर स्वर में)* तुमने पुनः सर्वेक्षण किया है राज्य का ?

मोहनलाल : हाँ महाराज ! कल ही लौटकर आए हैं हम तीनों।

राजा : हमें विश्वास है, जनता खुशहाल हो गई होगी अब।

मोहनलाल : नहीं महाराज ! हमने राज्य में पहले से भी ज़्यादा निर्धनता देखी है। पहले लोग आधे पेट खाकर जीवित रहते थे, अब भूखों मर रहे हैं।

राजा : *(चिंतित होते हुए)* तुम बताओ देशराज, तुमने क्या-क्या देखा ?

देशराज : पहले आम जनता भूखी थी महाराज ! अब सेठ-साहूकार और भू-स्वामी भी ख़ाली हाथ हो गए हैं। वे भी दुःखी हैं।

राजा : *(कन्हैयालाल से)* और तुम बताओ कन्हैयालाल।

देशराज : जनता की पीड़ा और भी अधिक बढ़ गई है, महाराज ! अब क़र्ज़ देने वाले भी नहीं रहे। खेतों में फ़सलों की जगह धूल उड़ रही है, महाराज ! लोग घास-फूस और पत्ते खाकर अपना जीवन बचा रहे हैं।

[राजा भारी चिंता में सिर झुका लेता है। पूरे दरबार में राजा के अतिरिक्त एक और व्यक्ति उपस्थित है और वह है राज्यपंडित।]

राजा : *(दुःखी स्वर में)* महापंडित ! यह क्या हो गया ? हमने तो जनता को खुशहाल बनाना चाहा था। इस तरह से तो लोग पहले से भी अधिक निर्धन हो गए। ऐसा क्यों हुआ, ऐसा क्यों हुआ ? महापंडित हमें बताओ।

पंडित : महाराज ! आपका निर्णय तर्कसंगत नहीं था। अंत में यह परिणाम निकलना ही था उसका।

राजा : ऐसा क्यों कह रहे हैं आप, महापंडित ?

पंडित : उस कार्यवाई का असर यह हुआ महाराज कि बड़े व्यापारियों व साहूकारों ने छिन जाने के डर से अधिक पैसा कमाना छोड़ दिया और जनता ने इस आशा में मेहनत करनी छोड़ दी है कि मुफ़्त का धन उन्हें बार-बार मिलता रहेगा और सरकारी ख़ज़ाने का मुँह

सदा उनके लिए खुला रहेगा। इस प्रकार दोनों ही वर्ग बर्बाद हो गए।

राजा : फिर हमें क्या करना चाहिए था, महापंडित?

पंडित : बुद्धिमानी इसमें थी महाराज कि आप धनवानों पर कर लगाते और उनके द्वारा मिले पैसे से रोज़गार के साधन जुटाते, खेतों में सिंचाई की व्यवस्था करते। तब कोई भी ग़रीब न होता।

राजा : आप ठीक कहते हैं, महापंडित। आप ठीक कहते हैं।

[पर्दा गिर जाता है]

[सिंधी कहानी पर आधारित]

❑